発酵食、豆、雑穀で作る

荏原スミ子

毎日のごちそう

ヘルシーでも大満足
体が喜ぶ79の簡単レシピ

誠文堂新光社

はじめに

料理は毎日するものですから、
できるだけ簡単に作りたいもの。
さらに、栄養をしっかりとることができて、
おいしくできあがったら、最高だと思いませんか?

この本でご紹介する
塩麹、醤油麹、塩レモン、ヨーグルト、甘酒の発酵食は、
調味料として料理に使うと、
嬉しい効果がたくさんある優れもの。

発酵の力は素材の旨みを引き出して、
料理の味わいを格段に引き上げてくれます。
しかも、少量でしっかり味が決まるので、
塩や砂糖、油も減らすことができてヘルシーです。

そして、栄養が偏りがちな方や、美容に気をつかう方に
特に食べていただきたい食材が、豆類や雑穀。
1粒の中に、たくさんの滋養が詰まっていて、
噛むほどに深い味わいを感じられます。

難しいことは何ひとつありません。
身近で購入できる食材を使って、
ちょっとのひと手間を加えて作れる料理だけを集めました。

毎日の食卓を栄養たっぷりのごちそうにして、
心と体を元気に、笑顔で日々を過ごしていきましょう。

✻ Contents

2　はじめに

塩麹

7　塩麹の作り方
8　大豆ミート入りミートローフ
10　ヨーグルトのポテトサラダ
11　鶏肉のマヨネーズ焼き
　　イカと玉ねぎのマリネ
12　豚肉の香草グリル
13　鶏肉のバジルパン粉揚げ
14　鶏肉、ピーマン、しいたけの炒め
15　あっさりハンバーグ
16　にらと卵のとろみスープ
17　ピーマン、しいたけ、なすの肉詰め焼き
　　サバの塩麹焼き
18　鶏肉のサワークリームソース
19　タンドリーチキン

塩レモン

35　塩レモンの作り方
36　サバのオープンサンドウィッチ
37　じゃがいもとブロッコリーの豆腐マヨ
　　にんじんとごぼうのサラダ
　　　クリーミー塩レモンソース
38　ミックスパエリア
　　鶏肉のハーブフリット
　　サンマのフリット
42　ビーツの冷製スープ
43　スカロピーネ ハニー塩レモンソース
　　トマトのスープ
44　コンキリエ イカソース
45　ビーツのリゾット
46　なすのグラタン
47　鶏肉と生姜の炊き込みご飯

醤油麹

21　醤油麹の作り方
22　アボカドとトマトのヨーグルトソース
23　かぶのサラダ
24　きのことツナのスパゲッティ
26　豚肉のアスパラガス巻
27　イワシの醤油麹漬け
　　アジの韓国風醤油麹焼き
28　鶏肉のカレー風味焼き
29　鶏肉のオレンジ煮
30　きのこの醤油麹スープ
32　鶏肉のきのこ蒸し
33　あんかけカレーうどん

ヨーグルト

49　カスピ海ヨーグルトの作り方
50　ひよこ豆のサラダ ヨーグルトツナソース
　　金時豆とさつまいものサラダ
　　大豆のサラダ ブルーチーズソース
52　かぼちゃのサラダ
　　野菜のディップ 味噌&ディルソース
53　ビーツとチーズのケークサレ
54　豚肉のヨーグルト塩レモン漬け
55　鶏肉のビーツヨーグルトソース
56　バナナのケーキ
　　ビーツのチョコレートケーキ
58　ヨーグルトゼリー マンゴーソース
　　小豆のパウンドケーキ
59　りんごのケーキ

60 甘酒

- 61 甘酒の作り方
- 62 サケの麹焼き
- 64 いんげんのごま和え
  里いもの煮物
- 66 豚肉の甘酒漬け
- 67 ゴーヤとピーマンの味噌炒め
- 68 ミルクゼリー
  ビーツと豆乳のスムージー
  ゴーヤのスムージー

84 雑穀

- 85 主な雑穀の種類
- 86 大麦入り焼売
- 88 かぶと雑穀のハムサラダ
  大麦、ひよこ豆、ルッコラのサラダ
- 89 ほうれん草の雑穀中華粥
- 90 雑穀麻婆豆腐
- 92 キヌアとかぼちゃのサバ缶餃子
- 93 大麦、黒米、小豆のご飯
- 94 オートミールクッキー

- 95 おわりに

70 豆類

- 71 主な豆の種類
- 72 白いんげん豆のカップゼリー
  小豆のカレー
- 74 豚肉と納豆の甘味噌レタス包み
- 75 黒豆のシチュー
  ラムと大豆のアンチョビ炒め
- 76 黒豆の酢鶏
- 78 サバ缶の大豆コロッケ
  おから大豆入りさっぱりメンチカツ
- 80 大豆クリームスープ
  黒豆のポタージュ
- 82 黒豆入り雑穀炊き込みご飯
- 83 小豆、黒ごま、きな粉の薬膳ぜんざい
  豆乳入り黒ごま汁粉

【この本について】

* 計量単位は、1カップ＝200㎖、大さじ＝15㎖、小さじ＝5㎖です。
* 大さじ1杯は小さじ3杯です。（例：大さじ1・1/3＝大さじ1＋小さじ1）
* ガスコンロの火加減は、特に記載のない場合は弱めの中火です。
* オーブン、電子レンジの使用時間は目安です。機種によって異なるので様子を見て加減してください。電子レンジは600Wを基準にしています。
* 本書で使用する塩麹、醤油麹、塩レモン、ヨーグルト、甘酒は著者のレシピが元になっています。市販品を使用する場合は様子を見ながら加減してください。
* 塩レモンはペースト状にしたものを使っています。
* 特に記載のない材料は、醤油は濃口醤油、酒は清酒、みりんは本みりん、酢は穀物酢、ヨーグルトはカスピ海ヨーグルト、砂糖は白砂糖、塩は海塩、胡椒は粗びき、バターは無塩、オリーブオイルはエキストラバージンオリーブオイル、油はサラダ油、揚げ油はサラダ油を使っています。
* 加熱時間、保存時間、漬け込み時間はすべて目安です。様子を見ながら調整してください。

塩麹

素材の旨みを引き出し、ふっくらやわらかに

材料の米麹には消化酵素が多く含まれるので、料理に使うと食材の旨みや甘みが格段にアップ。肉や魚を漬ければ、酵素がタンパク質を分解して驚くほどやわらかになります。まろやかでコクのある塩味は、料理の味を引き締め、塩、砂糖、油などの取り過ぎを抑えられます。健康効果（→P21）も期待できて、毎日使いたい調味料No.1です。

塩麹の作り方

市販の塩麹は発酵が止まっているため、酵素の力を味わうなら手作りがおすすめ。私のレシピは塩分濃度が約7％と低めなので減塩食にも最適です。冷蔵庫なら約3ヶ月、冷凍なら約半年保存できます。

材料

米麹（乾燥）…… 200g
塩 …… 40g
水 …… 300mℓ
保存容器

作り方

1 水に塩を入れてよく溶かす。
2 ボールに米麹を入れる。手のひらをすり合わせて、米麹をぱらぱらにする。塩水を加え、よく混ぜ合わせる。
3 消毒した容器に入れ、米麹が呼吸できるようにゆるめにフタをし、直射日光の当たらない常温におく。常温で夏場は2～3日、冬場は6～7日が目安。1日1～2回、清潔なスプーンでかき混ぜる。かき混ぜることで発酵が均一に進み、カビが生えるのを防ぐ。
4 米麹に芯がなくなりやわらかくなったら、冷蔵庫に移してさらに3～4日おく。米麹がふっくらとしたらできあがり。

✻ 使い勝手の良い乾燥麹がおすすめ

市販の塩麹には生と乾燥の2種類があります。生麹は麹ができあがったそのままの状態のもの。麹の力は高いですが、生ものなので雑菌に弱く、保存期間も短くなります。乾燥麹は生麹に熱処理を加えて水分を飛ばしたもの。日持ちがよく、保存などの扱いも簡単です。扱いやすく、手軽に入手できる乾燥麹がおすすめです。

✻ 保存容器は煮沸でしっかり消毒

折角の塩麹にカビを生やさないためには、容器をしっかり煮沸消毒することが大切。容器は密閉できて、状態が確認できる透明のものならOK。ジャムの空きビンやタッパーを使うと便利です。

消毒の仕方

1 容器がゆったりと入る鍋に、水と容器、フタを入れて火にかける。沸騰したらそこから2～3分火にかける。
2 清潔な箸を使って容器を取り出し、逆さにして10分水気を切り、上向きに置いて自然乾燥させる。

大豆ミート入り
ミートローフ

大豆ミートを使ったヘルシーな肉料理。
少量の肉でも塩麹が旨みを引き出すので、
満足感のある深い味わいに仕上がります。

塩麹

材料 5人分（長さ18cmのパウンド型）

牛豚合いびき肉 —— 300g

大豆ミート（細切りタイプ） —— 1/2カップ

玉ねぎ（中） —— 1個

にんじん（小） —— 1本

ピーマン —— 1個

大豆（市販の水煮でOK） —— 50g

A
塩麹 —— 大さじ2・1/2

卵 —— 1個

オールスパイス —— 小さじ1/6

胡椒 —— 適量

サラダ油 —— 大さじ1

クローブ（ホール） —— 8個

クレソン —— 適量

アメリカンマスタード —— 適量

ケチャップ —— 適量

作り方

1 大豆ミートは熱湯に10分漬けて戻し、ザルにあげて水
分を切って粗熱を取る。玉ねぎ、にんじん、ピーマンは
みじん切りにする。

2 フライパンにサラダ油を熱し、玉ねぎ、にんじん、ピーマ
ンの順で炒める。粗熱を取る。

3 ボールに牛豚合いびき肉、**A**の材料を入れ、粘りが出
るまで手でよくねる。大豆ミート、大豆を加えてこね、
炒めた野菜を入れてさらによく練る。

4 パウンド型の内側にサラダ油（分量外）を塗り、クッキ
ングシートを敷く。**3**を詰めて、表面にクローブを刺す。
190℃のオーブンで約35分焼く。

5 粗熱が取れたら5等分に切って器に盛り、クレソンを添
える。アメリカンマスタード、ケチャップを添える。

♥ おいしさのmemo
市販の塩麹は
量を少なめに

私の塩麹のレシピは塩分濃度が約7％ですが、市販の塩麹は10％以上のものがほとんど。この本のレシピ
に市販の塩麹を使う場合には、指定量よりも少なめにし、味を見ながら調整しましょう。

ヨーグルトのポテトサラダ

ヨーグルトを使ったポテトサラダ。粗くつぶしたじゃがいもの食感も楽しんで。

材料 2人分

- じゃがいも（中）……3個
- きゅうり……1/2本
- ハム……2枚
- ミニトマト……3個
- サニーレタス……適量

A
- ヨーグルト……1/2カップ
- マヨネーズ……大さじ2
- 塩麹……大さじ1
- サラダ油……大さじ1
- 塩……小さじ1/8〜1/4
- 胡椒……適量

- 塩……少々

作り方

1. じゃがいもは半分に切り、5mmの水を張った容器に入れて電子レンジで8分加熱する。温かいうちに皮をむき、すりこぎで粗くつぶす。きゅうりは薄切りにし、塩を全体に振って15分おき、水分を軽く絞る。ハムは短冊切りにする。
2. ボールにAの材料を合わせてよく混ぜる。1/2カップ分は、好みで調味する用のソースとして取っておく。じゃがいも、きゅうり、ハムを加えて和える。
3. サニーレタスを敷いた器に盛り、ミニトマトを飾る。

📍 **おいしさのmemo**
いも類は電子レンジでカンタン時短

いも類に熱を通す時は電子レンジが便利です。切った食材を容器に並べて5分加熱し、裏返してさらに3分加熱。竹串が通ればできあがり。水分の少ないじゃがいも、さつまいもなどは、容器に5mmほど水を張って加熱するとパサつきません。水分の多いかぼちゃ、紫いもは水を張らないように注意。

さっぱりした鶏むね肉をコクのある一品に。
お弁当のおかずにもおすすめです。

鶏肉のマヨネーズ焼き

材料 2人分

A
- 鶏むね肉（大）… 1枚
- 塩麹 … 大さじ1
- にんにく（小・すりおろし）… 1片
- マヨネーズ … 大さじ2

B
- 大根 … 100g
- にんじん … 20g
- 水菜（小）… 1株
- 麺つゆ … 大さじ3
- オリーブオイル … 大さじ1
- 酢 … 小さじ1

- サラダ油 … 大さじ1

塩麹

作り方

1. 鶏むね肉は皮を取り、厚さ1cmに切る。**A**の材料を合わせ、鶏肉を漬け冷蔵庫で3時間以上おく。
2. 大根とにんじんは千切りにする。水菜は4cm長さに切り、水に10分漬けてザルにあげる。ボールに**B**の材料を合わせて、野菜を和える。
3. フライパンにサラダ油を熱し、漬け込んだ鶏肉を弱火で焼く。表面の色が白く変わったら裏返して焼き上げる。焦げやすいので注意。
4. 器に鶏肉、野菜を盛り付ける。

イカと玉ねぎのマリネ

材料 3人分

- スルメイカ … 1杯
- 玉ねぎ（大）… 1個
- 黄パプリカ … 1/4個
- にんじん … 40g
- 大豆（市販の水煮でOK）… 70g
- 大葉 … 5枚

マリネ液
- 塩麹 … 大さじ1
- サラダ油 … 大さじ3
- 酢 … 大さじ2
- 油揚げ（厚め）… 1枚
- 塩 … 適量
- 胡椒 … 適量

- 塩 … 少々

作り方

1. スルメイカは内臓と足を抜き、内臓を切り離す。沸騰した湯に塩を加え、皮付きのまま胴とゲソを軽く茹でる。茹で過ぎると硬くなるので注意。粗熱が取れたら、胴は5cm長さ、1cm幅の短冊切り、ゲソは食べやすい大きさに切る。
2. 玉ねぎと黄パプリカは薄切り、にんじんは千切りにする。油揚げはフードプロセッサーでペースト状にする。
3. ボールに**マリネ液**の材料を合わせる。イカの胴とゲソ、玉ねぎ、黄パプリカ、にんじん、大豆を入れて冷蔵庫で30分漬ける。
4. 器に盛り、千切りにした大葉を飾る。

隠し味に油揚げを使って、
コクのある味わいに仕上げます。

豚肉の香草グリル

4種の香草をたっぷり使った香り高いグリル。
イタリアンハーブミックスでも代用できます。

材料 2人分

豚ロース肉 …… 2枚
A
- 塩麹 …… 大さじ1
- パセリ（みじん）…… 小さじ1/2
- タイム（みじん）…… 小さじ1/4
- ローズマリー（みじん）…… 小さじ1/4
- バジル（みじん）…… 小さじ1/4
- 胡椒 …… 適量

オリーブオイル …… 大さじ2
にんにく …… 1/2片

作り方

1. Aの漬け込み調味料を作る。パセリは盛り付け用に少量を取っておく。ボールに材料を合わせてよく混ぜ、切り込みを入れた豚ロース肉を加えてなじませる。冷蔵庫で1日おく。
2. フライパンにオリーブオイル、たたいたにんにくを入れて弱火にかける。香りが立ってきたらにんにくを取り出す。漬け込んだ豚肉を入れ、中火の弱火できつね色になるまで焼き、裏返す。焦げやすいので注意。
3. 器に盛り、パセリを飾る。

鶏肉のバジルパン粉揚げ

ヘルシーな鶏むね肉をジューシーなフライに。
刻んだバジルをたっぷり入れたパン粉は、爽やかで香り高い味わいです。

材料 3人分

A
- 鶏むね肉 …… 1枚
- 塩麹 …… 大さじ1
- マヨネーズ …… 大さじ2
- 胡椒 …… 少々

- パン粉 …… 1カップ
- バジル（衣用・みじん）…… 大さじ2
- 卵 …… 1個
- 水 …… 小さじ1
- 小麦粉 …… 1/3カップ
- 揚げ油 …… 適量
- バジル（盛り付け用）…… 1枝
- ミニトマト …… 3個

作り方

1 鶏むね肉は6等分に切る。Aの材料を合わせて鶏肉を漬け、冷蔵庫で1日おく。
2 衣用のバジルを粗みじんにし、パン粉に混ぜてバジルパン粉を作る。
3 漬け込んだ鶏肉に小麦粉をまぶし、水を加えた溶き卵にくぐらせる。バジルパン粉をまぶして中温で揚げる。
4 器に盛り、ミニトマト、バジルを飾る。

📍 **おいしさのmemo**
漬け込みは最低でも3時間

鶏むね肉は塩麹の漬け込み調味料に漬けると3時間で旨みが増します。時間があれば1日漬けるとより美味に。日持ちも長くなり、2日間まで保存できます。

鶏肉、ピーマン、しいたけの炒め

塩麹を調味料として炒め物に使えば、野菜の旨みが引き立ちます。ピーマンはサッと炒めて見た目もきれいに。

材料 2人分

- 鶏むね肉 …… 200g
- 干しいたけ …… 3枚
- ピーマン …… 3個
- ホールコーン …… 1/4カップ
- 長ねぎ …… 20g
- 生姜 …… 10g
- A
  - 酒 …… 小さじ2
  - 塩 …… 少々
  - 胡椒 …… 適量
- B
  - 塩麹 …… 大さじ1・1/3
  - 酒 …… 大さじ1
  - 水 …… 大さじ2
  - 片栗粉 …… 小さじ1/2
- サラダ油 …… 大さじ3
- ごま油 …… 小さじ1

作り方

1. 鶏むね肉は1.5cm角に切り、Aの材料を合わせたたれに15分漬ける。干しいたけは水で戻して2cm角に切る。ピーマンは2cmの角切り、長ねぎは1cmの斜め切り、生姜は1cm角の薄切りにする。
2. フライパンにサラダ油を熱し、長ねぎ、生姜を強火で炒める。鶏肉を加えて色が変わるまで炒め、しいたけ、ホールコーンを加えて炒める。ピーマンを加えてサッと火を通したら、Bの材料を入れてひと混ぜする。仕上げにごま油を回し入れる。

あっさりハンバーグ

吸水力がある麩をタネに入れて、肉汁の旨みを中に閉じ込めました。

材料 2人分

- 豚ひき肉 …… 200g
- 玉ねぎ（中）…… 1/2個
- 麩 …… 6g
- 卵 …… 1/2個
- 塩麹 …… 大さじ1
- 胡椒 …… 適量
- A
  - 水 …… 1カップ
  - 中華ガラスープの素 …… 小さじ1
  - オイスターソース …… 小さじ1
- モロッコいんげん …… 2枚
- 黄パプリカ …… 1/6個
- しめじ …… 30g
- 片栗粉 …… 小さじ2
- 水 …… 小さじ2
- サラダ油 …… 大さじ1

作り方

1. 玉ねぎはみじん切りにし、電子レンジで3分加熱する。麩は粗めにつぶす。モロッコいんげんは塩を入れた湯で軽く茹で、2cmの斜め切りにする。黄パプリカは細切りにし、しめじはほぐす。
2. ボールに豚ひき肉、玉ねぎ、溶いた卵、塩麹、胡椒を入れてよくこねる。麩を加えて混ぜる。小判型に成形する。
3. フライパンにサラダ油を熱し、2を弱火で焼く。きつね色になったら裏返して焼き上げる。
4. 鍋にAの材料を入れて中火にかけ、沸騰したらモロッコいんげん、黄パプリカ、しめじを加えて火を通す。同量の水で溶いた片栗粉を加えてとろみをつけ、ハンバーグにかける。

塩麹

にらと卵のとろみスープ

にらをたっぷり入れたスタミナ満点のスープ。
にらは余熱で調理すると、食感を残したまま、色鮮やかに仕上がります。

材料 2人分

豚肉（薄切り）…… 50g
干しいたけ …… 1枚
長ねぎ …… 10g
生姜 …… 5g
にら …… 30g
卵 …… 1/2個
水 …… 2・1/2カップ
中華ガラスープの素 …… 小さじ3/4
塩麹 …… 大さじ1
胡椒 …… 少々
A｜ 酒 …… 小さじ1
　｜ 塩 …… 少々
片栗粉 …… 大さじ1
水 …… 大さじ1
サラダ油 …… 大さじ1

作り方

1 豚肉は5cm幅に切り、酒と塩を合わせたAに15分漬ける。干しいたけは水で戻して千切りにする。長ねぎと生姜は1cm角の薄切りにする。にらは3cm長さに切る。

2 鍋にサラダ油を熱し、長ねぎ、生姜を中火で炒める。水、中華ガラスープの素、塩麹を入れる。豚肉、干しいたけを加え、沸騰したら弱火にしてアクを取りながら煮る。胡椒を振る。

3 同量の水で溶いた片栗粉でとろみをつけ、溶いた卵を回し入れる。にらを加えたら火を止める。

ピーマン、しいたけ、なすの肉詰め焼き

材料 3人分

ピーマン（中）… 4個
しいたけ（中）… 4枚
なす … 2本

肉あん
- 鶏ひき肉 … 300g
- 長ねぎ … 40g
- 塩麹 … 小さじ2
- 卵 … 1個
- 片栗粉 … 大さじ2

片栗粉 … 大さじ2
サラダ油 … 大さじ2

作り方

1. ピーマンは縦半分に切って種を取る。しいたけは軸を切り取る。なすは輪切りにし、水に5分漬けてアクを取り、水気を拭く。ピーマンは内側、しいたけはカサの内側、なすは片面に片栗粉をまぶす。
2. ボールに鶏ひき肉、長ねぎのみじん切り、塩麹、溶いた卵を入れてよく混ぜ、片栗粉を加えてさらに混ぜる。ピーマン、しいたけ、なすに肉あんを詰める。
3. フライパンにサラダ油を熱し、肉側を下にして並べ、フタをして弱めの中火で焼く。9割ほど焼けたら裏返して焼き上げる。

味付けは塩麹だけなのに旨みはしっかり。
3種の野菜と合わせて味の違いを楽しんで。

サバの塩麹焼き

材料 2人分

生サバ（半身）… 1枚

A
- 塩麹 … 大さじ1
- 生姜（すりおろし）… 小さじ1/2
- にんにく（すりおろし）… 1/2片
- 唐辛子（粉末）… 小さじ1/4
- ごま油 … 小さじ1/2

作り方

1. サバは半身を2等分に切る。
2. ボールにAの材料を合わせる。サバを漬け、冷蔵庫で1〜2日以上おく。
3. 漬け込んだサバを、グリルで焦げないように注意しながら弱めの中火で焼く。

塩麹の旨みを一番に感じられるのが漬け焼き。
サーモンを使ってもおいしく食べられます。

鶏肉のサワークリームソース

塩レモンの風味をきかせたサワークリームソースのコクで、鶏肉の旨みを引き立たせます。

材料 2人分

鶏むね肉（大）……1枚

A
- 塩麹……大さじ1
- にんにく（すりおろし）……1/2片
- 玉ねぎ（すりおろし）……25g
- パセリ（みじん）……大さじ1/2

B
- サワークリーム……大さじ4
- ヨーグルト……大さじ4
- 塩レモン……小さじ2

サラダ油……大さじ1
パセリ……適量
クレソン……適量

作り方

1 鶏むね肉は4等分に切る。Aの材料を合わせ、鶏肉を冷蔵庫で3時間以上漬ける。

2 フライパンにサラダ油を熱し、鶏肉を入れ、フタをして弱火で焼く。表面の色が変わって裏面に焦げ目が付いたら裏返して焼き上げる。

3 ボールにBの材料を合わせてよく混ぜる。

4 器に3のソースを敷き、鶏肉を盛り付ける。みじん切りにしたパセリ、クレソンを飾る。

タンドリーチキン

スパイシーなメニューも、塩麹を使えばコクが出て食べやすくなります。
食欲をそそる香りで、おもてなし料理に大人気です。

材料 3人分

- 鶏むね肉（小） ── 2枚
- オクラ ── 6本
- パクチー ── 適量

A
- 塩麹 ── 大さじ2
- ガラムマサラ ── 大さじ1
- クミンパウダー ── 小さじ1
- チリペッパー ── 小さじ1/2〜1/3
- トマトペースト ── 大さじ1
- にんにく（すりおろし） ── 1片
- ヨーグルト ── 大さじ2

作り方

1 鶏むね肉は4等分に切る。
2 大きめのボールにAの材料を合わせ、鶏肉によくまぶして冷蔵庫で半日漬ける。
3 漬け込んだ鶏肉をグリルで弱めの中火で焼く。焦げやすいので注意。オクラは鶏肉を漬け終わったたれにまぶし、フライパンで蒸し焼きにする。
4 器に鶏肉とオクラを盛り付け、パクチーを添える。

◉ おいしさのmemo
漬け込み調味料を作る時のポイント ｜ 肉でも魚でも、材料300〜350gに対して、塩麹は大さじ1を目安にすると失敗しません（醤油麹も同様）。薄切りのものほど早く漬かります。

醤油麹

旨みは塩麹の10倍！
和洋中問わず使いやすい

麹を発酵させて作られる醤油に、さらに米麹を合わせるという発酵の醍醐味を味わえる調味料。塩麹に比べて、旨み成分のグルタミン酸が10倍以上も含まれています。塩麹と同様、旨みを引き出して食材をやわらかく仕上げます。漬け込み調味料としてはもちろん、ドレッシングに使ったり、豆腐などにのせてそのまま食べてもおいしいです。

醤油麹の作り方

格別な旨みの醤油麹ですが、米麹と醤油を合わせるだけで、とても簡単にできあがります。季節によって発酵時間は調整しましょう。

材料

米麹（乾燥）…… 200g
醤油 …… 300mℓ
保存容器

作り方

1 米麹は手のひらをすり合わせてばらばらの状態にする。
2 消毒した容器に米麹、醤油を入れてよくかき混ぜる。（消毒の方法はP7を参照）
3 米麹が呼吸できるようにゆるめにフタをし、直射日光の当たらない常温におく。夏場は1週間、冬場は10日が目安。1日1回、清潔なスプーンでかき混ぜる。
4 米麹に芯がなくなり、やわらかくなったらできあがり。冷蔵庫で約3ヶ月、冷凍で約6ヶ月保存できる。

✽ 米麹には体が喜ぶ作用がたくさん

米麹は蒸した米に麹菌を繁殖させた発酵食品で、多くの栄養が含まれています。ビタミンB群や必須アミノ酸は代謝のアップを手伝い、胃腸薬にも使われるプロテアーゼやアミラーゼは腸内環境を整えてくれます。料理の味をおいしくしてくれるだけでなく、体に役立つ嬉しい作用がたくさんあるのです。

✽ 発酵の醍醐味を味わえるのは漬け焼き

発酵の力を一番に感じられるのは、肉も魚も漬け焼き。旨みがアップし、身がやわらかく焼き上がります。

漬け込み調味料を作る時は、材料300〜350gに対して醤油麹（塩麹も同様）を大さじ1入れるのが目安。最低でも3時間、余裕があれば1日漬けると旨みが増しておいしくなります。

アボカドとトマトのヨーグルトソース

塩味がまろやかで旨みの強い醤油麹は、ドレッシングに最適です。醤油と相性の良いアボカドを、ヨーグルトソースでさっぱりと。

材料 2人分

- アボカド …… 1個
- トマト …… 2個
- 水菜 …… 1〜2株

ドレッシング
- 醤油麹 …… 大さじ1・1/2
- ヨーグルト …… 1/4カップ
- オリーブオイル …… 大さじ1

作り方

1. アボカドは縦半分に包丁で切れ目を入れ、ねじって2つに割る。種を取って皮をむき、1つを8等分に切る。トマトは湯むきし、くし形に切る。水菜は4cm長さに切る。
2. ボールに**ドレッシング**の材料を合わせてよく混ぜる。
3. 器にアボカド、トマト、水菜を盛り、ドレッシングをかける。

📍 **おいしさのmemo**
レシピ再現のコツは大さじの計り方

おいしくレシピを再現するためには、大さじ、小さじをしっかり計量しましょう。粉の場合は押し付けないようにして、平らにすり切ります。液体はスプーンにギリギリまできっちり入れましょう。

かぶのサラダ

玉ねぎをたっぷり入れて、まろやかな甘みのある味わいに。
どんな野菜とも相性の良いドレッシングです。

醤油麹

材料 2人分

- かぶの実（中）…… 3個
- かぶの葉 …… 実3個分
- にんじん …… 20g
- サニーレタス …… 2枚

ドレッシング
- 醤油麹 …… 大さじ1
- 醤油 …… 大さじ2
- 玉ねぎ（大）…… 1/2個
- レモン汁 …… 大さじ1
- サラダ油 …… 大さじ4

- 塩 …… 小さじ1/2

作り方

1. かぶの実は皮をむいて薄切りにする。葉は4cm長さに切り、沸騰した湯にサッとくぐらせてザルにあげる。かぶの実と葉に塩を振って30分おき、絞って水分を切る。にんじんは千切りにする。
2. **ドレッシング**を作る。玉ねぎは千切りにして電子レンジで3〜4分加熱し、フードプロセッサーにかけて粗熱を取る。材料を合わせてよく混ぜる。
3. かぶの実、葉、にんじんを合わせ、サニーレタスを添えて器に盛る。ドレッシングを添える。

きのことツナの スパゲッティ

味付けは醤油麹と胡椒のみ。
とてもシンプルですが、醤油麹ときのこの旨みが
しっかり感じられる和風スパゲッティです。

醤油麹

材料 2人分

スパゲッティ（1.7mm）…… 160g

ツナ缶（小）…… 1缶

しめじ …… 50g

エリンギ …… 50g

しいたけ …… 2枚

長ねぎ …… 40g

黄パプリカ …… 1/8個

ピーマン …… 1/2個

にんにく …… 1片

唐辛子 …… 1本

醤油麹 …… 大さじ 2・1/3

スパゲッティの茹で汁 …… 1/4 カップ

胡椒 …… 適量

オリーブオイル …… 大さじ 3

紅たで …… 適量

塩 …… 適量

作り方

1 大きめの鍋にたっぷりの水、塩を入れて湯を沸かし始める。

2 ツナは水気を切る。しめじはほぐして小分けにし、エリンギは短冊切り、しいたけは薄切りにする。長ねぎは斜め薄切り、黄パプリカとピーマンは千切り、にんにくはみじん切り、唐辛子は種を除いて輪切りにする。

3 スパゲッティを表示時間より1分短く茹で始める。

4 フライパンにオリーブオイル、にんにくを入れて弱火にかける。香りが立ってきたら唐辛子を加えて香りをつける。しめじ、エリンギ、しいたけを加えて炒め、火が通ったらツナを入れて炒める。スパゲッティの茹で汁、醤油麹、胡椒を加え、長ねぎ、黄パプリカ、ピーマンを加えて炒める。火を止め、茹で上がったスパゲッティを加える。再び火をつけて強火で1〜2分炒める。

5 器に盛り付け、紅たでを飾る。

25

豚肉のアスパラガス巻

豚ロース肉を使ってさっぱりとした肉巻きに。
醤油麹とゆずを合わせて、風味良く仕上げました。

材料 2人分

- 豚ロース肉（薄切り）…… 8枚
- アスパラガス（細めのもの）…… 4本
- A
  - 醤油麹 …… 大さじ1
  - 醤油 …… 小さじ1/2
  - ゆず（すりおろし）…… 小さじ1/2
- サラダ油 …… 大さじ1
- 黄パプリカ …… 1/4個
- 長ねぎ …… 1/2本
- 塩 …… 適量

作り方

1. アスパラガスは付け根の硬い部分を1cm切り取り、付け根から5cmの皮をピーラーでむく。長さ2等分に切り、塩を入れた湯で硬めに茹でる。黄パプリカは千切りに、長ねぎは3cmの筒切りにする。
2. まな板に豚ロース肉2枚を1cm重なるように縦に並べ、材料を合わせたAを1/4量塗る。アスパラガス2本をのせてくるくる巻く。残りも同様に巻く。
3. フライパンにサラダ油を熱し、2の肉巻き、黄パプリカ、長ねぎを中火で焼く。肉巻きは箸で転がしながら両面に焼き目が付くように焼く。
4. 肉巻きは半分に切り、黄パプリカ、長ねぎと一緒に器に盛り付ける。

漬けだれは醤油麹とマヨネーズ。
梅の風味でさっぱり食べられます。

イワシの醤油麹漬け

材料 2人分

イワシ … 2尾
菜の花 … 40g
塩 … 少々
胡椒 … 少々
サラダ油 … 適量

A
- 醤油麹 … 大さじ1/2
- 梅干し（みじん）… 小さじ1/2
- マヨネーズ … 大さじ1/2

作り方

1. イワシは頭と内臓を取って、水できれいに洗い、水分を拭き取る。Aの材料を合わせ、イワシにすり込んで冷蔵庫で3時間以上（理想は1日）漬ける。
2. 菜の花は根元の硬い部分を1cm切り取る。塩（分量外）を入れた湯でサッと茹で、4cm長さに切る。サラダ油で炒めて、塩、胡椒を振る。
3. イワシをグリルで弱めの中火で約10分焼く。焦げないように両面を焼く。魚を焼くのが苦手な場合は、弱火で約15分焼いてもOK。
4. イワシ、菜の花を器に盛る。

醤油麹

アジの韓国風醤油麹焼き

材料 2人分

アジ（大）… 2尾
ししとう … 4本

A
- 醤油麹 … 大さじ1・1/2
- 白ごま … 小さじ1
- にんにく（すりおろし）… 小さじ1/4
- 唐辛子（粉末）… 小さじ1/2〜1
- ごま油 … 小さじ2
- 長ねぎ（みじん）… 大さじ1

サラダ油 … 小さじ1
塩 … 少々
胡椒 … 少々
白ごま … 適量

作り方

1. アジは内臓とぜいごを取り除き、水でよく洗い、水分をしっかり取る。腹の部分に斜めに深めに切り込みを3ヶ所入れる。ししとうは付け根を切り落とし、サラダ油で炒めて、塩、胡椒を振る。
2. ボールにAの材料を合わせてよく混ぜる。ハケでアジの表面にたっぷり塗る。
3. 焦げないように注意しながら、グリルでアジを弱めの中火で約15分焼く。白ごまをトッピングする。

唐辛子の入ったたれをたっぷり塗った
韓国風の焼き魚。お酒の肴にぴったりです。

鶏肉のカレー風味焼き

旨みを引き出す醤油麹は、スパイスとの相性がとても良いです。
スパイスに漬け込むと焦げやすいので注意しましょう。

材料 2人分

- 鶏もも肉（大）…… 1枚
- A
  - 醤油麹 …… 大さじ1
  - カレー粉 …… 小さじ1
  - にんにく（すりおろし）…… 1/2片
- サラダ油 …… 大さじ1
- ブロッコリー …… 1/4個
- ミニトマト …… 2個
- 塩 …… 適量

作り方

1. 鶏もも肉はひと口大に切る。ブロッコリーは小房に分けて、さらに2つか3つに切り、塩を入れた湯で茹でる。ミニトマトは6等分に切る。
2. ボールにAの材料を合わせ、鶏肉を漬けて冷蔵庫で1日おく。
3. フライパンにサラダ油を熱し、鶏肉を弱火で焼く。ブロッコリー、ミニトマトを添え、器に盛り付ける。

鶏肉のオレンジ煮

オレンジジュースで煮込むだけで、やわらかな鶏肉と
コクのあるソースができあがり。簡単で、おもてなし料理におすすめです。

材料 2人分

- 鶏もも肉（大）……1枚
- 玉ねぎ（大）……1/4個
- オリーブオイル（玉ねぎ用）
  ……小さじ1
- にんにく……1片
- オリーブオイル……大さじ1
- オレンジソース
  - オレンジジュース（100%）
    ……1/2カップ
  - 醤油麹……小さじ1強
  - 砂糖……大さじ1
  - ブイヨン……1/3個
- パセリ……適量
- イタリアンパセリ……適量
- 塩……適量
- 胡椒……適量

作り方

1. 鶏もも肉は縦半分に切って2等分にし、全体に格子状に2cm幅に切り込みを入れ、火が通りやすくする。塩、胡椒を振る。
2. 容器に薄切りにした玉ねぎ、オリーブオイルを入れ、電子レンジで3分30秒加熱する。
3. 鍋ににんにく、オリーブオイルを入れて弱火にかける。香りが立ってきたらにんにくを取り出す。鶏肉を皮目を下にして入れ、フタをして弱めの中火でゆっくりと焼く。きつね色になって9割ほど焼けたら裏返す。**オレンジソース**の材料、加熱した玉ねぎを加え、落としブタをして弱火で蒸し煮にする。時々鶏肉にソースを回しかけ、ソースが煮詰まったらできあがり。
4. 器に鶏肉をのせてソースをかけ、みじん切りにしたパセリを飾る。イタリアンパセリを添える。

きのこの醤油麹スープ

3種のきのこが入った旨みたっぷりの中華風スープ。
煮込み時間も少ないので、
忙しい時でもサッと簡単に作れます。

材料 3人分

豚肉（切り落とし） ⋯⋯ 80g
しめじ ⋯⋯ 50g
エリンギ ⋯⋯ 50g
えのき ⋯⋯ 50g
チンゲン菜 ⋯⋯ 2株
長ねぎ ⋯⋯ 15g
生姜 ⋯⋯ 5g
サラダ油 ⋯⋯ 大さじ1・1/2

A
醤油麹 ⋯⋯ 大さじ1・1/2
紹興酒 ⋯⋯ 大さじ1
水 ⋯⋯ 4カップ
中華ガラスープの素 ⋯⋯ 大さじ1
塩 ⋯⋯ 適量
胡椒 ⋯⋯ 適量

ごま油 ⋯⋯ 適量

作り方

1　しめじはほぐして小分けにし、エリンギは5cmの短冊切り、えのきはほぐす。チンゲン菜は4cm長さに切る。長ねぎと生姜はたたいて香りを出す。

2　鍋にサラダ油を熱し、長ねぎ、生姜を加えて強火で炒める。香りが立ってきたら、長ねぎと生姜を取り出す。Aの材料を入れ、豚肉、しめじ、エリンギ、えのきを加えて5分煮る。チンゲン菜を加えてサッと火を通す。

3　器にスープを盛り、ごま油を1人分につき小さじ1/4ほど垂らす。

鶏肉のきのこ蒸し

醤油麹に漬けて旨みを引き出した鶏肉を蒸し焼きに。
野菜をフタにして肉の旨みを閉じ込めました。

材料 2人分

- 鶏もも肉（大）…… 1枚
- しめじ …… 50g
- えのき …… 50g
- 長ねぎ …… 15g
- にんじん …… 15g
- ピーマン …… 1/2個
- A
  - 醤油麹 …… 大さじ1
  - 酒 …… 小さじ1
- サラダ油 …… 大さじ1
- 塩 …… 1つまみ
- 胡椒 …… 少々

作り方

1. 鶏もも肉は縦半分に切って2等分し、肉の厚い部分に切り込みを入れる。Aの材料を合わせ、鶏肉を冷蔵庫で3時間以上（理想は1日）漬ける。
2. しめじはほぐして小分けにし、えのきはほぐす。長ねぎは斜め切り、にんじんとピーマンは千切りにする。
3. 鍋にサラダ油を熱し、鶏肉を皮目を下にして弱火で焼く。きつね色になったら裏返す。
4. 鶏肉の上にしめじ、えのき、長ねぎ、にんじん、ピーマンをのせ、全体に塩と胡椒を振り、フタをして蒸し焼きにする。野菜がしんなりとし、鶏肉に竹串を刺して赤い汁が出なくなればできあがり。

あんかけカレーうどん

だしが決め手のカレーうどんは、醤油麹の旨みで本格的に。とろみが強めのあんかけ風なので、最後までアツアツで食べられます。

醤油麹

材料 2人分

- 茹でうどん …… 2玉
- 豚肉（薄切り）…… 80g
- 長ねぎ …… 1本
- しいたけ …… 2枚
- ししとう …… 2本
- サラダ油（2用）…… 大さじ1
- サラダ油（3用）…… 大さじ1
- カレー粉 …… 小さじ2
- 醤油麹 …… 大さじ2・1/2
- だし汁 …… 2・1/2カップ
- 醤油 …… 大さじ1
- 片栗粉 …… 大さじ2・1/2
- 水 …… 大さじ2・1/2
- 塩 …… 適量　胡椒 …… 適量

作り方

1. 豚肉は4cm幅に切る。長ねぎは斜め切りに、しいたけは薄切りにする。ししとうは軸を切り落とす。
2. フライパンにサラダ油を熱し、豚肉を炒める。長ねぎ、しいたけ、ししとうを炒め、塩、胡椒を振る。
3. 鍋にサラダ油を熱し、カレー粉を炒める。醤油麹、だし汁、醤油を加える。同量の水で溶いた片栗粉を入れ、とろみをつける。
4. 沸騰した湯にうどんを入れて温める。ザルに移す。
5. 器にうどんを盛り、豚肉、長ねぎ、しいたけ、ししとうをのせてカレーあんをかける。

塩レモン

さわやかな酸味と
まろやかな塩味がおいしい

モロッコが発祥と言われるレモンを塩漬けにした調味料。ほのかな酸味とマイルドな塩味は、肉や魚の臭みを消したり、料理の風味や香りを豊かにする効果が。少量でしっかりと調味できるので、いつもより少ない塩で調理できます。レモンに多く含まれるクエン酸やビタミンCには、疲労回復や抗酸化作用などの嬉しい効果がたくさんあります。

塩レモンの作り方

皮ごと漬け込むので、レモンは無農薬か国産のものを使い、大きめのビンに保存しましょう。塩はレモン正味の25％の量が目安です。

材料
レモン …… 6個（約600g）
塩 …… 150g
保存ビン

作り方
1. レモンはよく洗って水気を拭く。ヘタの部分を切り落とし、ひと口大に切る。
2. 消毒したビンにレモンと塩を交互に入れていく。（消毒の方法はP7を参照）
3. ビンにフタをし、直射日光の当たらない常温におく。1日1回ビンを振って塩とレモンが混ざるようにする。
4. 塩が溶けてレモンと混ざったらできあがり。冷蔵庫に移す。1ヶ月後くらいからおいしくなり、約1年保存できる。

おいしさのmemo　ペースト状にして保存すると便利

できあがった塩レモンは、直近で使う分だけフードプロセッサーでペースト状にして小ビンで保存すると便利。毎回みじん切りにする手間がなくすぐに使え、料理に味がなじみやすくなります。

※ レモンは無農薬、または国産を選ぶ

流通しているレモンは輸入物が中心ですが、輸送のために防カビ剤を使っていることが多いので、皮ごと食べる塩レモンには向きません。国産レモンの多くは防カビ剤を使わず、無農薬や低農薬で栽培されています。国産レモンの旬は秋〜冬。毎年10月頃から青いグリーンレモンが出回り始め、12月頃にはイエローレモンが出回ります。

サバのオープンサンドウィッチ

クミンのスパイシーな風味がクセになるオープンサンド。
ワインにもよく合うので、パーティー料理に大活躍です。

材料 4人分

- サバ水煮缶 …… 1缶
- 大豆（市販の水煮でOK）…… 150g
- セロリ …… 40g
- 玉ねぎ（大）…… 1/4個
- パセリ（みじん）…… 大さじ3
- A
  - 塩レモン …… 小さじ2
  - クミン（粉末）…… 小さじ1/2
  - マヨネーズ …… 1/4カップ
  - ヨーグルト …… 1/4カップ
  - レモン汁 …… 小さじ1
  - 塩 …… 小さじ1/4
  - 胡椒 …… 適量
- イングリッシュマフィン …… 4個
- オリーブオイル …… 小さじ4
- クミン（粉末）…… 適量
- イタリアンパセリ …… 適量
- タバスコ …… 適量

作り方

1. ボールにAの材料を合わせてよく混ぜる。
2. サバと大豆は水分をよく切る。大豆はブレンダーでペースト状にする。セロリ、玉ねぎはみじん切りにする。
3. ボールにサバ、大豆、セロリ、玉ねぎ、パセリを入れて、1を入れてよく混ぜる。
4. イングリッシュマフィンを半分に切り、トースターで軽く焼く。表面にオリーブオイルを1個につき小さじ1/2～1塗る。上に3をのせ、クミンを振り、イタリアンパセリを飾る。食べる時に好みでタバスコをかける。

淡泊な豆腐をクリーミーな濃厚ソースに。
野菜にたっぷりかけて食べましょう。

じゃがいもと
ブロッコリーの豆腐マヨ

材料 3人分

じゃがいも(中)…2個
ブロッコリー(小)…1個
卵…1個
小エビ…6尾

ソース
木綿豆腐…150g
塩レモン…小さじ2
マヨネーズ…大さじ2
塩…小さじ1/8
胡椒…適量

作り方

1. じゃがいもは半分に切り、5mmの水を張った器に並べて電子レンジで8分加熱する。粗熱が取れたら皮をむき、1.5cm厚さに切る。ブロッコリーは小房に切って茹でる。卵は沸騰した湯で弱火で10分茹でて冷まし、殻をむいてくし形に切る。小エビは殻をむいて背ワタを抜き、よく洗って茹でる。
2. **ソース**を作る。豆腐はフードプロセッサーにかける。ボールに材料を合わせて混ぜる。
3. じゃがいも、ブロッコリー、茹で卵、エビを器に盛り、ソースをかける。

塩レモン

にんじんとごぼうのサラダ
クリーミー塩レモンソース

材料 2人分

にんじん(小)…1本
ごぼう…100g
パセリ(みじん)
　…大さじ1

ソース
オリーブオイル…大さじ3
マヨネーズ…大さじ2
粒マスタード…大さじ1
塩レモン…小さじ1
レモン汁…小さじ1・1/2〜2
塩…小さじ1/6
砂糖…小さじ1

作り方

1. にんじんは細切りにする。ごぼうは2mmの斜めの薄切りにして水に5分漬ける。鍋に湯を沸かし、ごぼうを2分30秒茹でる。茹で上がる直前ににんじんを入れてサッと火を通し、一緒にザルに移して粗熱を取る。水に漬けて冷やさないよう注意。
2. 大きめのボールに**ソース**の材料を合わせてよく混ぜる。にんじん、ごぼう、パセリを加えて和える。

定番のマヨネーズを使ったドレッシングも、
塩レモンを入れるとさっぱりとした風味が広がります。

ミックスパエリア

ミックスパエリア

日本人でも食べやすいように、あえて米をといで、ふっくらご飯のパエリアに仕上げました。ピーマン、いんげんは火を通し過ぎないのがコツです。

材料 5人分（直径28cmのパエリア鍋）

米 …… 2合	いんげん …… 40g
鶏もも肉 …… 1/2枚	水 …… 570cc
イカ …… 1/2杯	ブイヨン …… 1個
アサリ …… 180g	サフラン …… 小さじ1/2
エビ（中）…… 5尾	ホールトマト …… 90g
ベーコン …… 40g	白ワイン …… 大さじ2
玉ねぎ …… 1/4個	塩レモン …… 大さじ1
ローズマリー（みじん）…… 小さじ1	オリーブオイル（3用）…… 大さじ2
にんにく …… 1片	オリーブオイル（4用）…… 大さじ2
赤パプリカ …… 1/4個	塩 …… 小さじ1/4
ピーマン …… 1個	胡椒 …… 少々

作り方

1 米はといでザルに移して20分おく。鶏もも肉は5等分に切り、ローズマリー、塩（分量外）、胡椒（分量外）を振る。イカは鹿の子に切り込みを入れ、5切れの短冊に切る。エビは殻付きのまま使用。ベーコンは1cm角に切り、玉ねぎとにんにくはみじん切りにする。赤パプリカとピーマンは種を除いて1cm幅に切る。いんげんは4cm長さに切る。

2 スープを作る。鍋に水を入れて沸かし、ブイヨンを入れて溶かす。大さじ2を取り出し、サフランを漬けて戻しておく。鍋につぶしたホールトマトを加え、沸騰するまで火にかける。

3 フライパンにオリーブオイルを熱し、鶏肉の表面に色が付くように焼いたらトレイに取り出す（生焼けでOK）。続いてエビを入れて焼き、アサリを加えてフタをして蒸し焼きにする。アサリが開き始めたらイカを入れ、エビを取り出す。アサリは開いたら、イカは火が通ったら取り出す。**2**のスープを少量加え、ヘラでフライパンに付いた旨みをこそげ取って鍋に戻す。サフランと戻し汁を加える。

4 パエリア鍋にオリーブオイル、にんにくを入れて熱し、香りが立ってきたら玉ねぎを入れて炒める。ベーコン、米を順に入れて炒める。白ワインを加える。

5 白ワインが蒸発したら沸騰させたスープを少量加え、塩レモン、塩、胡椒を入れる。鶏肉、赤パプリカをのせ、アルミホイルでフタをして弱火で35分炊く。イカ、アサリ、エビ、ピーマン、いんげんをのせ、フタをしてさらに3分炊く。

鶏肉のハーブフリット

さっぱりと爽やかに食べられるフリット。
漬け込み時間も30分と短いので手軽に作れます。

材料 2人分

鶏むね肉（大） …… 1枚

A
イタリアンハーブミックス
…… 小さじ 3/4
パセリ（みじん） …… 大さじ 1/2
玉ねぎ（すりおろし） …… 20g
にんにく（すりおろし） …… 1/2片
マヨネーズ …… 大さじ 2
塩レモン …… 大さじ 1

小麦粉 …… 1/4 カップ
卵 …… 1個
水 …… 小さじ 1
パン粉 …… 1/2 カップ
揚げ油 …… 適量

作り方

1 鶏むね肉は厚みが同じになるように、5等分に切る。

2 Aの材料を合わせ、鶏肉を入れて冷蔵庫で30分以上漬ける。

3 漬け込んだ鶏肉に小麦粉、水を加えて溶いた卵、パン粉をまぶし、中温で揚げる。

サンマのフリット

塩レモンと粒マスタードだけのシンプルな味付け。
いつものサンマ料理にアクセントを加えたい時に。

材料 4人分

サンマ（3枚おろし） …… 2匹
塩レモン …… 小さじ 1
粒マスタード …… 小さじ 1
デュラムセモリナ粉 …… 1/2 カップ
揚げ油 …… 適量

作り方

1 サンマは1枚を斜めに半分に切り、水分を拭き取る。

2 ボールに塩レモン、粒マスタードを合わせてよく混ぜる。

3 サンマの身の部分に2を塗り、デュラムセモリナ粉をまぶす。中温で揚げる。

ビーツの冷製スープ

栄養価が高いビーツは、喉越しの良い冷たいスープにすれば
夏バテの時期にもぴったりです。

材料 2人分

- ビーツ（正味）…… 130g
- ヨーグルト …… 250g
- 牛乳 …… 1/2カップ
- 塩レモン …… 小さじ2
- 玉ねぎ（みじん）…… 大さじ1
- ヨーグルト（盛り付け用）…… 大さじ2
- チャービル …… 適量

作り方

1. ビーツは皮ごと半分に切ってアルミホイルにくるみ、180℃のオーブンで70分前後加熱する。粗熱が取れたら皮をむき、ひと口大に切る。
2. ビーツ、ヨーグルト、牛乳、塩レモンをミキサーで攪拌する。冷蔵庫で冷やす。
3. 器にスープを入れ、ヨーグルトを垂らし、玉ねぎ、チャービルを飾る。

おいしさのmemo
注目食材のビーツはオーブンで加熱

ポリフェノールのベタシアニン、鉄分、ビタミンなどが豊富に含まれ、「食べる輸血」と呼ばれるビーツ。酢を入れた湯で茹でるのが一般的ですが、私のおすすめはオーブンで焼く方法。皮ごと半分に切ってアルミホイルでくるみ、180℃で約70分加熱し、皮をむいて使います。ビーツの赤色がきれいに残ったまま、ほくほくの食感に仕上がります。

スカロピーネ
ハニー塩レモンソース

「スカロピーネ」は肉に小麦粉ををまぶしてソテーするイタリア料理。ほんのりとはちみつの甘みが広がります。

材料 2人分

豚ひれ肉（とんかつ用でOK）… 200g
塩 … 適量
胡椒 … 適量
小麦粉 … 大さじ3
オリーブオイル … 大さじ2
バター … 大さじ1

ソース
バター … 大さじ1
塩レモン … 小さじ1・2/3
はちみつ … 大さじ2
ブイヨン … 1個
水 … 1カップ
白ワイン … 大さじ2
パセリ … 適量

作り方

1. 豚ひれ肉はラップにくるみ、たたいて5mmの厚さにする。塩、胡椒を振り、小麦粉をまぶす。
2. 鍋にオリーブオイルを熱し、バターを入れて、豚肉を焦げ目がつくように両面を焼く。豚肉を取り出す。
3. **2**の鍋に**ソース**の材料を入れて少々煮る。肉を鍋に戻し、ソースと絡める。
4. 器に盛り付け、みじん切りにしたパセリを飾る。

塩レモン

トマトのスープ

トマトピューレを使った簡単スープ。
塩レモンの酸味がトマトの甘みを引き立たせます。

材料 2人分

トマトピューレ … 3/4カップ
にんにく … 1片
オリーブオイル … 大さじ1
小麦粉 … 大さじ1・1/3
塩レモン … 小さじ2弱
水 … 1カップ
牛乳 … 1カップ
胡椒 … 適量
パセリ（みじん）… 小さじ1

作り方

1. 鍋にオリーブオイル、たたいたにんにくを入れ、弱火にかける。香りが立ってきたらにんにくを取り出す。
2. 小麦粉を入れて炒める。火を止め、トマトピューレを加えてかき混ぜる。再び火をつけて、水、塩レモンを加え、かき混ぜながら弱火で煮る。ふつふつとしてきたら牛乳を加え、胡椒を振る。煮立たせないように注意。
3. 器に盛り、みじん切りにしたパセリを飾る。

コンキリエ イカソース

貝殻の形をしたパスタ「コンキリエ」。
風味の異なるカラフルなタイプを使えば、味わいの違いも楽しめておすすめです。

材料 2人分

- コンキリエ（大）…… 140g
- ヤリイカ（大）…… 2杯
- ブロッコリー …… 80g
- にんにく …… 1片
- オリーブオイル
  …… 大さじ3・1/2〜4
- 白ワイン …… 大さじ1
- 塩レモン …… 大さじ1/2
- 塩 …… 小さじ1/4
- 胡椒 …… 適量
- パルミジャーノ・レッジャーノ（粉末）
  …… 大さじ2

作り方

1. ヤリイカは皮をむき、1cmの輪切りにする。ブロッコリーは小房に切り、にんにくはたたいておく。
2. 塩（分量外）を入れて沸騰させた湯にコンキリエを入れ、表示時間よりも2分前にブロッコリーを入れて一緒に茹でる。
3. 鍋にオリーブオイル、にんにくを熱し、香りが立ったらイカを入れて炒める。白ワインを加えて蒸発させ、塩レモンを入れる。茹で上がったコンキリエ、ブロッコリーを加え、塩、胡椒、パルミジャーノ・レッジャーノを入れてよく和える。

ビーツのリゾット

エビの旨みとビーツの風味が相性抜群のリゾット。
ビーツは最後に入れることで、色鮮やかなまま仕上げます。

材料 2人分（厚手の鍋を使用）

- 米 —— 125g
- ビーツ（正味）—— 70g
- 玉ねぎ —— 1/4個
- 小エビ —— 6尾
- オリーブオイル —— 大さじ1・1/2
- スープ
  - ブイヨン —— 1個
  - 水 —— 550cc
  - 塩レモン —— 小さじ1
- A
  - サワークリーム —— 60g
  - 牛乳 —— 小さじ1
  - 塩レモン —— 小さじ1/2
- 白ワイン —— 大さじ1・1/2
- パルミジャーノ・レッジャーノ（粉末）—— 大さじ2
- バター —— 10g
- 塩 —— 適量
- 胡椒 —— 適量
- ディル —— 1本

作り方

1. 加熱したビーツは1cmの角切りにする（加熱の方法はP42を参照）。玉ねぎはみじん切りにする。小エビはよく洗って背ワタを取る。尾は残しておく。
2. 鍋に**スープ**の材料を入れて火にかけ、沸騰したらエビを加えて茹でる。エビはトッピング用に取り出しておく。
3. **A**の材料を合わせ、よく混ぜる。
4. 鍋にオリーブオイルを熱し、玉ねぎを炒める。米を加えて炒める。白ワインを入れ、蒸発するまで火にかける。**2**のスープを半量入れ、沸騰したら弱火にしてフタをして8分炊く。水分がなくなったら、残りのスープの2/3を加えてフタをして弱火で10分炊く。炊けたら残りのスープをすべて入れて沸騰させる。ビーツ、パルミジャーノ・レッジャーノ、バター、塩、胡椒を加えてかき混ぜる。
5. 器に盛り、**3**をのせ、エビ、ディル、パルミジャーノ・レッジャーノ（分量外）を飾る。

塩レモン

材料 2〜3人分

- 牛ひき肉 —— 100g
- なす（中）—— 2本
- オリーブオイル（なす用）—— 大さじ1
- じゃがいも（大）—— 1個
- 玉ねぎ —— 1/4個
- にんにく —— 1片
- 大豆（市販の水煮でもOK）—— 80g

ミートソース調味料
- ホールトマト缶 —— 1/2缶
- トマトペースト —— 大さじ1
- 赤ワイン —— 大さじ2
- ドライオレガノ —— 小さじ1/2
- 塩 —— 小さじ1/8
- 胡椒 —— 適量

- オリーブオイル（ミートソース用）—— 大さじ1
- ヨーグルト —— 1/2カップ
- 牛乳 —— 1/2カップ
- 塩レモン —— 小さじ2
- 小麦粉 —— 大さじ1
- ピザ用チーズ —— 60g

作り方

1. なすは1cmの輪切りにし、水に5分漬けてザルにあげる。フライパンにオリーブオイルを熱し、なすを入れてフタをして蒸し焼きにし、両面を焼く。じゃがいもは半分に切って、水を5mm張った容器に入れて電子レンジで6分加熱する。冷めたら皮をむいて1.5cm厚さのいちょう切りにする。玉ねぎとにんにくはみじん切りにする。

2. **ミートソース**を作る。鍋ににんにく、オリーブオイルを入れて弱火にかけ、香りが立ったら玉ねぎを加えてよく炒める。牛ひき肉を入れて色が変わるまで炒める。赤ワインを注ぎ、蒸発するまで火にかける。ホールトマト、トマトペースト、ドライオレガノ、塩、胡椒を入れ、余分な水分がなくなるまで弱火で煮る。

3. ボールにヨーグルト、牛乳、塩レモンを入れてよく混ぜ、小麦粉を加えて混ぜる。

4. 耐熱皿にオリーブオイル（分量外）をハケで塗り、じゃがいもを並べ、大豆、ミートソース、なす、ミートソース、大豆の順で重ねる。**3**のヨーグルトソースを一面にかける。ピザ用チーズを全体にのせ、220℃のオーブンで20分焼く。

なすのグラタン

ひき肉と野菜を重ねて焼いたギリシャ料理の「ムサカ」を手軽に。ヨーグルトソースの中に塩レモンを入れ、さっぱりと仕上げました。

鶏肉と生姜の炊き込みご飯

ほんのりと酸味が広がる上品な味わいのご飯。
塩レモンがお米の甘みを引き立てます。

材料 5人分

- 米 …… 2合
- 鶏もも肉 …… 200g
- 生姜 …… 12g
- 大葉 …… 5枚
- 塩レモン …… 大さじ1・1/3
- 水 …… 好みの水量
- 酒 …… 大さじ2
- みりん …… 小さじ1

作り方

1. 鶏もも肉は1cmの角切り、生姜と大葉は細めの千切りにする。
2. 米をとぐ。炊飯器に入れ、酒、みりんを入れてから水を好みの量加える。30分おく。
3. 鶏肉、生姜、塩レモンを加えて炊く。器に盛り、大葉を飾る。

塩レモン

ヨーグルト

やさしい酸味で
調味料としても大活躍

生乳に乳酸菌を加えて発酵させたもので、独特の風味と酸味が特徴。乳酸菌やカルシウムなどの栄養が豊富に含まれています。そのまま食べてもおいしいですが、野菜や肉との相性が良いので、調味料として気軽に使うのがおすすめ。ケーキなどの焼菓子に使うとカロリーも抑えられるうえ、しっとりとして深い味わいに仕上がります。

✳ 世界中で愛されてきた発酵食品の代表

ヨーグルトの歴史は古く、6000〜8000年前に中央アジアで作られたのが発祥。1900年代にノーベル賞学者のメチニコフが「ブルガリアに100歳以上の長寿が多いのはヨーグルトを食べているから」という説を発表し、ヨーグルトがヨーロッパ中に広がりました。そのため、菌や乳の種類、製法など、その土地によって特有のヨーグルトができました。日本でも多様なヨーグルトが市販されているので、お気に入りを見つけてみて。

✳ 自宅で作れるヨーグルトの種類

家庭でも作れるヨーグルトをご紹介します。この本のレシピで使っているのはカスピ海ヨーグルト。酸っぱくなくまろやかで、どんな料理にもおすすめです。

カスピ海ヨーグルト

酸味がなくまろやか 料理におすすめ

強い粘りと、酸味の少ないまろやかな味わいが特徴。粉末状の種菌が市販されています。コーカサス地方発祥で、現地の人は毎日どんぶり1杯分を食べるとか。粘りのもとになる乳酸菌クレモリス菌FC株には腸内環境を整え、中性脂肪を減らす効果も。

材料

カスピ海ヨーグルトの
種菌（粉末）……1包
牛乳（紙パックタイプ）
……500ml

作り方

1 牛乳は未開封の状態で、パックのまま電子レンジで1分温める。
2 パックを開封して種菌を加え、消毒したスプーンでよくかき混ぜる。開け口をクリップでしっかり留め、直射日光の当たらない常温におく。夏場で1〜2日、冬場で1日〜3日でできあがる。
3 できあがったら、大さじ6杯分を消毒したフタ付きの容器に入れて種菌として取っておく。大さじ6杯の種菌で、牛乳1ℓ分のヨーグルトができる。

ケフィアヨーグルト

強い酸味が特徴で
乳酸菌が豊富

東欧やロシアで作られ、酸っぱさが特徴。牛乳を乳酸菌と酵母「ケフィア粒」で共生発酵させたもので、乳酸菌が数種類含まれています。本場では冷製スープに使うことが多いそう。粉末状の種菌が市販されています。

ギリシャヨーグルト

食感が濃厚な
水切りヨーグルト

他のヨーグルトとの違いは、発酵が終わった後に水分や乳清を取り除く「水切り」の工程。高タンパク、低カロリーなのに濃厚な味わいです。市販のヨーグルトをザルにあげ、時間をかけて水分を切るとできあがります。

c
— 大豆のサラダ
ブルーチーズソース

ブルーチーズの香りがクセになる味わいは、
ワインにもぴったり合います。

材料 4人分

大豆 (市販の水煮でOK)
　…140g
玉ねぎ … 40g
トマト … 1/2個
セロリ … 30g
ハム … 3枚
パセリ (みじん) … 大さじ2

ドレッシング
ヨーグルト … 1/2カップ
ブルーチーズ … 50g
サラダ油 … 大さじ1
塩 … 小さじ1/4
胡椒 … 適量

作り方

1 大豆は水分を切る。玉ねぎとセロリは斜めの薄切り、トマトとハムは1cm角に切る。

2 **ドレッシング**を作る。すり鉢にブルーチーズを入れてよくすりつぶす。ヨーグルト、サラダ油を入れてのばし、塩、胡椒を入れて混ぜる。**1**の材料を入れてよく和える。

---

b
— 金時豆と
さつまいものサラダ

豆とさつまいもの自然な甘みが楽しめ、
食物繊維もしっかりとれます。

材料 4人分

金時豆 … 80g
水 … 4カップ
さつまいも (小) … 1本
玉ねぎ … 40g
ホールコーン … 大さじ5
パセリ (みじん) … 小さじ2

ドレッシング
ヨーグルト … 1/3カップ
マヨネーズ … 大さじ2
塩 … 適量
胡椒 … 適量

作り方

1 金時豆を茹でる。鍋に水と金時豆を入れて一晩おく。中火にかけて沸騰したら湯を捨てる。豆の5cm上まで水を入れて弱火でやわらかくなるまで煮る。

2 さつまいもは4等分に切り、水を5mm張った容器に入れて電子レンジで4分加熱する。粗熱が取れたら皮をむき、2cm角に切る。玉ねぎは薄切りにする。

3 ボールに**ドレッシング**の材料を合わせてよく混ぜ、金時豆、さつまいも、玉ねぎ、ホールコーンを入れて和える。器に盛り、玉ねぎとパセリをトッピングする。

---

a
— ひよこ豆のサラダ
ヨーグルトツナソース

ツナと玉ねぎを入れたドレッシングは、
淡泊な豆類と相性抜群です。

材料 4人分

ひよこ豆 (市販の水煮でOK)
　…120g
じゃがいも (中) … 1個
きゅうり … 1/4本
ミニトマト … 2個

ドレッシング
ヨーグルト … 1/2カップ
オリーブオイル … 大さじ2
玉ねぎ (みじん) … 大さじ2
ツナ缶 (小) … 1/2缶
パセリ (みじん) … 小さじ2
にんにく (すりおろし)
　… 小さじ1/8
塩 … 小さじ1/2
胡椒 … 適量

作り方

1 じゃがいもは半分に切って、水を5mm張った容器に入れ、電子レンジで3分30秒加熱する。粗熱が取れたら皮をむき、1cm角に切る。きゅうりは縦に十文字に切り1cm幅に切る。ミニトマトは6等分にくし形に切る。

2 ボールに**ドレッシング**の材料を合わせ、ひよこ豆、じゃがいも、きゅうりを入れてよく混ぜる。器に盛り、ミニトマトを飾る。

ヨーグルト

かぼちゃのサラダ

材料 3人分

かぼちゃ … 1/4個

ドレッシング
- ヨーグルト … 1/2カップ
- マヨネーズ … 大さじ2
- 塩レモン … 小さじ2
- 胡椒 … 適量

イタリアンパセリ … 適量

作り方

1 かぼちゃは2cm角に切って容器に並べ、電子レンジで6分加熱して粗熱を取る。
2 ボールに**ドレッシング**の材料を合わせてよく混ぜる。半量にかぼちゃを加えてよく混ぜる。
3 器に盛り、残りのドレッシングをかける。イタリアンパセリを飾る。

ヨーグルトと塩レモンのシンプルなドレッシング。
かぼちゃのほくほくの食感を楽しんで。

コクや風味が異なる2種のソースで。
パーティー料理に大活躍します。

野菜のディップ 味噌&ディルソース

材料 2人分

- 黄パプリカ … 1/4個
- 赤パプリカ … 1/4個
- きゅうり … 1/2本
- セロリ … 30g
- ビーツ（正味）… 100g

味噌ソース
- 信州味噌 … 大さじ2
- ヨーグルト … 1/4カップ
- オリーブオイル … 大さじ1

ディルソース
- ヨーグルト … 3/4カップ
- オリーブオイル … 大さじ2
- ディル（みじん）… 大さじ2
- にんにく（すりおろし）… 1/2片
- 塩 … 小さじ1/2
- 胡椒 … 適量

作り方

1 黄・赤パプリカは縦に割って種を取り、1.5cm幅の縦切りにする。きゅうりは長さ2等分に切り、縦に6等分に切る。セロリは10cm長さに、加熱したビーツは2cmの角切りにする（加熱の方法はP42を参照）。
2 **味噌ソース**を作る。ボールに材料を合わせてよく混ぜる。
3 **ディルソース**を作る。ボールに材料を合わせてよく混ぜる。
4 器に野菜を盛り、味噌ソースとディルソースを添える。

ビーツとチーズの
ケークサレ

食事向きの甘くないパウンドケーキ。
赤いビーツの色が見た目にも華やかです。

材料 長さ18cmのパウンド型

- 薄力粉 …… 100g
- ベーキングパウダー …… 小さじ1
- ビーツ（正味）…… 100g
- 玉ねぎ（大）…… 1/2個
- サラダ油（玉ねぎ用）…… 大さじ1
- ミックスチーズ …… 80g
- 卵 …… 1個
- ヨーグルト …… 大さじ2
- サラダ油 …… 大さじ4
- 塩 …… 小さじ1/2
- ディル …… 大さじ2
- オールスパイス …… 小さじ1/4
- クローブ（ホール）…… 8本
- 胡椒 …… 適量

作り方

1. パウンド型の内側にサラダ油（分量外）をハケで塗り、底にクッキングシートを敷く。
2. 薄力粉とベーキングパウダーを合わせてふるう。ビーツは加熱して1cmの角切りにする（加熱の方法はP42参照）。玉ねぎはみじん切りにし、フライパンにサラダ油大さじ1（分量外）を熱して炒めて粗熱を取る。
3. 大きめのボールに卵を溶きほぐす。ヨーグルト、サラダ油、塩の順で入れてよくかき混ぜる。ディル、オールスパイス、胡椒を入れて混ぜる。玉ねぎ、ミックスチーズを入れてよく混ぜ合わせたら、ふるった粉を加えて混ぜる。ビーツを入れて混ぜて、生地を型に注ぐ。
4. 表面にクローブを刺し、190℃のオーブンで35分焼く。

豚肉のヨーグルト塩レモン漬け

漬け込み調味料に塩レモン、クミン、にんにくなどを入れ、
さっぱりした中に深みのある味わいに仕上げました。

材料 2人分

A
- 豚ロース肉（とんかつ用）…… 2枚
- ヨーグルト …… 1/4カップ
- 塩レモン …… 小さじ1
- にんにく（すりおろし）…… 1/2片
- クミン（粉末）…… 小さじ1/4
- 塩 …… 1つまみ

- オリーブオイル …… 大さじ1
- クミン（粉末）…… 少々
- パプリカ（粉末）…… 少々

付け合わせ
- じゃがいも（中）…… 1個
- 玉ねぎ（中）…… 1/4個
- パクチー（みじん）…… 小さじ2
- 塩 …… 適量
- 胡椒 …… 適量
- オリーブオイル …… 小さじ2

作り方

1. 豚ロース肉は脂と肉の間に切り込みを入れてからたたく。
2. Aの材料を合わせてよく混ぜる。豚肉を入れて冷蔵庫で1日漬ける。
3. 鍋にオリーブオイルを熱し、豚肉を弱火できつね色になるように両面を焼く。焦げやすいので注意。
4. 付け合わせを作る。皮ごと半分に切ったじゃがいも、1cm幅に切った玉ねぎを容器に入れ、水を5mm張って電子レンジで4分加熱する。じゃがいもは粗熱が取れたら皮をむいて半分に切る。ボールにパクチー、塩、胡椒、オリーブオイルを合わせて混ぜ、じゃがいもと玉ねぎを和える。
5. 器に盛り、クミン、パプリカを少量振る。付け合わせを添える。

鶏肉のビーツヨーグルトソース

ビーツと塩レモンの2種のヨーグルトソースを楽しむソテー。
付け合わせのビーツの甘酢漬けは普段の箸休めにもおすすめです。

材料 2人分

- 鶏もも肉（大）……1枚
- オリーブオイル……大さじ1
- にんにく……1片
- A
  - ヨーグルト……1/2カップ
  - サワークリーム……大さじ1
  - 水……大さじ2
  - 塩レモン……小さじ1
  - 胡椒……適量
  - ビーツ（ペースト）……小さじ2
- ビーツの甘酢漬け
  - ビーツ（正味）……80g
  - 酢……大さじ3　砂糖……大さじ1
  - シナモンスティック……20g
  - ローリエ……1枚　塩……小さじ1/2
- 塩……適量
- 胡椒……適量

作り方

1. **ビーツの甘酢漬け**を作る。ビーツは加熱して1cm角に切り（加熱の方法はP42を参照）、酢、砂糖、塩、シナモンスティック、ローリエを合わせたたれに1日以上漬ける。
2. ボールにAの材料を合わせてよく混ぜて、ヨーグルト塩レモンソースを作る。半量をビーツソース用に取り除く。
3. ビーツソースを作る。2のヨーグルト塩レモンソースの半量に、加熱して裏漉ししたビーツのペーストを加えてよく混ぜる。
4. 鶏もも肉は縦に2等分に切り、筋を切って、塩、胡椒を振る。
5. 鍋ににんにく、オリーブオイルを入れて弱火にかけ、香りが立ったらにんにくを取り出す。鶏肉を皮目を下にして並べ、フタをして弱火で焼く。皮がきつね色に変わって9割焼けたら裏返して焼き上げる。
6. 器にヨーグルト塩レモンソース、ビーツソースを敷き、鶏肉をのせる。ビーツの甘酢漬け、お好みの野菜を添える。

ヨーグルト

b
ビーツのチョコレートケーキ

ビーツの風味とカカオの香りが相性抜群。
バター不使用で甘みが少なめです。

材料 長さ18cmのパウンド型

A{
薄力粉 —— 110g
ココア —— 10g
ベーキングパウダー —— 小さじ3/4
重曹 —— 小さじ1/4
}
ビーツ（ペースト）—— 100g
卵 —— 1個
砂糖 —— 80g
ヨーグルト —— 大さじ2
サラダ油 —— 大さじ5

作り方

1 パウンド型の底にクッキングシートを敷く。

2 Aの粉を合わせてふるう。ビーツは加熱し、ブレンダーでペーストにする（加熱の方法はP42参照）。

3 大きめのボールに卵、砂糖、ヨーグルト、サラダ油の順に入れて混ぜる。ビーツのペーストを入れてよく混ぜる。粉類を入れて混ぜる。練り過ぎないように注意。

4 型に3を流し入れる。180℃のオーブンで35分焼く。

a
バナナのケーキ

焼菓子はヨーグルトを使うとヘルシーに。
お菓子作りが苦手な人でも簡単です。

材料 長さ18cmのパウンド型

薄力粉 —— 100g
ベーキングパウダー —— 小さじ1
バナナ —— 100g
卵 —— 1個
砂糖 —— 80g
ヨーグルト —— 大さじ2
無塩バター —— 20g
サラダ油 —— 大さじ4
バニラエッセンス —— 3滴

作り方

1 パウンド型の底にクッキングシートを敷く。

2 薄力粉とベーキングパウダーを合わせてふるう。バナナはつぶす。無塩バターは電子レンジで溶かす。

3 大きめのボールに卵、砂糖を入れ、泡立て器でかき混ぜる。砂糖が溶けたらバナナ、ヨーグルト、バター、サラダ油、バニラエッセンスの順で入れてよく混ぜる。粉を加えて練らないように混ぜる。

4 型に3を流し入れる。180℃のオーブンで35分焼く。

おいしさのmemo

ケーキのふっくらは混ぜ方がポイント | 小麦粉は混ぜ過ぎると、グルテンが出過ぎてふくらまなくなります。粉っぽさがなくなった時点で混ぜるのは止めましょう。「もう少し混ぜたいな」と思うところで止めるのがポイントです。

ヨーグルトゼリー マンゴーソース

材料 90mlのグラス4個分

- ヨーグルト … 3/4カップ
- レモン汁 … 小さじ2
- 砂糖 … 大さじ2
- 水 … 1/2カップ+大さじ2
- 粉ゼラチン … 5g
- 水（粉ゼラチン用）… 大さじ3
- チャービル … 適量

ソース
- マンゴー（缶詰）… 100g
- 缶詰のシロップ … 大さじ3
- 砂糖 … 大さじ1

作り方

1. ボールに水を入れて粉ゼラチンを溶かし、10分おく。
2. 鍋に水、砂糖を入れて60℃に温める。1のゼラチンを加えて混ぜる。25℃くらいまで冷まし、鍋を氷に浸けてさらに冷ます。とろみが出てきたらヨーグルト、レモン汁を加えてよくかき混ぜる。器に流し入れ、冷蔵庫で冷やし固める。
3. フードプロセッサーに**ソース**の材料を入れて撹拌する。2のゼリーの上に注ぎ、チャービルを飾る。

ソースに使うのはマンゴーの缶詰。
簡単にフルーツソースができあがります。

缶詰を使ったお手軽レシピ。
ふんわりした甘さが広がります。

小豆のパウンドケーキ

材料 中型の21cmのパウンド型

- 茹で小豆（缶詰）… 130g
- 薄力粉 … 120g
- ベーキングパウダー … 小さじ1・1/2
- 卵 … 1個
- 砂糖 … 70g
- ヨーグルト … 大さじ2
- 無塩バター … 20g
- サラダ油 … 大さじ4

作り方

1. 薄力粉とベーキングパウダーを合わせてふるう。パウンド型の底にクッキングシートを敷く。トッピング用に茹で小豆は大さじ3を取っておく。無塩バターは電子レンジで溶かす。
2. 大きめのボールに卵を入れて溶き、砂糖を加えてよく混ぜる。茹で小豆、ヨーグルト、バター、サラダ油を入れて混ぜる。ふるった粉を加え、練り過ぎないように注意して混ぜる。
3. 型に2を流し入れ、表面にトッピング用の小豆を全体にのせる。180℃のオーブンで40分焼く。

りんごのケーキ

ラム酒が香るちょっと大人風味のケーキ。
しっとりして、りんごの優しい甘みが感じられます。

材料　直径18cmのケーキ型

- りんご（大）…… 1個
- 薄力粉 …… 200g
- ベーキングパウダー …… 小さじ2
- シナモン …… 小さじ1/2
- 卵 …… 2個
- 砂糖 …… 160g
- 無塩バター …… 40g
- サラダ油 …… 大さじ8
- ヨーグルト …… 大さじ4
- ラム酒 …… 小さじ1

作り方

1. りんごはいちょう切りにする。薄力粉、ベーキングパウダー、シナモンを合わせてふるう。無塩バターは電子レンジで溶かす。
2. 大きめのボールに卵を入れて溶き、砂糖を加えて混ぜる。ヨーグルト、サラダ油、バター、ラム酒を入れてよく混ぜる。ふるった粉を加えてかき混ぜ、りんごを加えて混ぜる。
3. パウンド型の底にクッキングシートを敷く。型に**2**を流し入れる。180℃のオーブンで35分焼く。

甘酒

料理にもスイーツにも
優しい甘みがおいしい

疲労回復や美容効果ですっかりおなじ
みの甘酒。酒粕を原料とする甘酒もあり
ますが、この本では米麹が原料の甘酒
を使っています。やわらかな自然な甘み
は野菜との相性が良く、白砂糖の代わり
に使うのがおすすめ。肉や魚の漬け焼
きに使えば発酵の力でふっくらするのは
もちろん、塩麹や醤油麹とはひと味違っ
た優しい味に仕上がります。

甘酒の作り方

炊飯器を使ったレシピです。麹菌は60℃以上で死滅するため、こまめに温度の測定を。麹は生きものですから、わずかな状況の変化が発酵具合にも影響します。毎回同じようにはいきませんが、手をかけて作った甘酒は格別のおいしさです。

材料（IH圧力炊飯器を使用）

米 …… 0.5合
米麹（乾燥）…… 100g
水 …… 適量
（「白米」の1合の目盛り分）
保存容器

作り方

1 米をとぎ、炊飯器に入れ、「白米」1合の目盛りに合わせて水を入れる。「おかゆモード」で炊く。

2 炊き上がったら内釜を取り出し、60℃まで冷ます。60℃より下がってしまった場合は、湯せんで60℃まで上げる。

3 ほぐしてぱらぱらの状態にした米麹を2に加え、よく混ぜ合わせる。

4 60℃を保っていることを確認したら、炊飯器に内釜をセットする。炊飯器のフタは開けたまま、内釜に布巾をかけ、保温スイッチを入れて約10時間おく。好みの甘さになったらできあがり。保温し続けると、発酵が進み過ぎて酸味が出るので注意。

5 粗熱が取れたら消毒した容器に移す。冷蔵で約7日間、冷凍で約1ヶ月保存できる。

✳ おいしい甘酒のカギは温度管理

市販の甘酒の多くは、流通のために火入れがされています。酵素は熱に弱いので働きが失われ、ビタミンも量が減ってしまっています。甘酒の効果を最大限に感じるなら、やはり手作りがおすすめ。ただし、温度が高過ぎると麹菌が死滅してしまい、低過ぎると発酵が進みません。60℃前後をキープするように、温度管理には細心の注意をはらいましょう。

✳ 栄養たっぷりの「飲む点滴」

栄養補給に使われる点滴と成分がほぼ同じことから、「飲む点滴」と言われる甘酒。江戸時代には夏バテ防止の飲み物として売られていたそうです。米麹由来の甘酒にはブドウ糖、ビタミンB群、アミノ酸などがたっぷり含まれ、疲労回復に効果絶大。食物繊維やオリゴ糖も含まれているので腸内環境も整います。ノンアルコールなのでお子さんや妊婦さんにも安心して使えます。

サケの麹焼き

甘酒は漬け焼きにも大活躍。
魚の旨みが引き出され、ふんわりと焼き上がります。
ほんのりとした甘みが広がる優しい味わいです。

材料 2人分

振り塩サケ（甘口）…… 2切
甘酒 …… 大さじ4
ピーマン …… 1個
しめじ …… 60g
酒 …… 大さじ1
塩 …… 適量
胡椒 …… 適量
サラダ油 …… 大さじ1/2

作り方

1 バットにサケを入れて、甘酒をまぶす。冷蔵庫に入れて2日間漬ける。

2 付け合わせを作る。ピーマンは千切りに、しめじは石づきを切り落としてほぐす。フライパンにサラダ油を熱し、ピーマンとしめじを炒め、火が通ったら酒、塩、胡椒を加えて軽く炒める。

3 漬け込んだサケを、グリルで弱火で約8分焼く。焦げやすいので注意する。

4 器に盛り、ピーマンとしめじを添える。

甘酒

b
—
里いもの煮物

甘酒で煮ることで、里いもの旨みがアップ。麹の食感と里芋のとろみが相性ぴったりです。

材料 2人前

里いも（正味）…… 250g

A
甘酒 …… 大さじ4・1/2
醤油 …… 大さじ1・1/2
だし汁 …… 1カップ弱

作り方

1 里いもは洗って皮をむき、ひと口大に切る。

2 深めの鍋に里いもを入れ、Aの材料を加えて、弱火で20分煮る。吹きこぼれないように注意。煮汁がなくなるまで煮る。

a
—
いんげんのごま和え

砂糖を使わず、味付けは甘酒と醤油のみ。優しい自然な甘みでヘルシーに食べられます。

材料 2人分

いんげん …… 50g

A
甘酒 …… 大さじ2
醤油 …… 小さじ2
白すりごま …… 大さじ2

作り方

1 いんげんは茹でて、ザルに移して水をかけて粗熱を取る。4cm長さに切る。

2 ボールにAの材料を合わせて混ぜる。いんげんを加えて和える。

● おいしさのmemo
甘酒によって
甘さや風味は異なる

甘酒はものによって糖度や甘みが異なり、発酵具合によって風味もさまざまです。料理に使う時には、味見をしながらお好みで量を増減してください。

65

豚肉の甘酒漬け

甘酒と味噌に漬け込むことで、やわらかく焼き上がります。
生姜焼き用の肉を使えば、短い時間でおいしく漬かります。

材料 2人分

豚ロース肉（生姜焼き用）…… 4枚
A 　甘酒 …… 大さじ1・1/2
　　信州白味噌 …… 大さじ1/2強
　　酒 …… 小さじ1
サラダ油（豚肉用）…… 大さじ1/2
ブロッコリー …… 50g
サラダ油（ブロッコリー用）…… 小さじ1
塩 …… 適量
胡椒 …… 適量

作り方

1 豚ロース肉は脂と肉の間に切り込みを入れる。
2 ボールにAの材料を合わせてよく混ぜる。豚肉を入れてよくまぶし、冷蔵庫で30分漬ける。
3 ブロッコリーは小房に分けて食べやすい大きさに切る。鍋に湯を沸かし、サラダ油、塩（分量外）を入れて茹でる。ザルにあげたら軽く塩、胡椒を振る。
4 フライパンにサラダ油を熱し、漬け込んだ豚肉を入れて弱火で焼く。焦げないように注意しながら、途中で裏返して焼き上げる。
5 器に豚肉を盛り付け、ブロッコリーを添える。

ゴーヤとピーマンの味噌炒め

甘酒と味噌を合わせれば、発酵のおいしさを感じられる調味料に。
野菜の甘みが引き立ち、コクのある味わいに仕上がります。

材料 2人分

ゴーヤ —— 150g
ピーマン —— 3個
黄パプリカ —— 1/2個
A｜甘酒 —— 1/4カップ
　｜信州赤味噌 —— 大さじ2
サラダ油 —— 大さじ1

作り方

1. ゴーヤは縦半分に切り、種を取って5mm厚さの薄切りにする。ピーマンと黄パプリカは縦半分に切り、種を取って1cm幅に切る。
2. ボールにAの材料を合わせてよく混ぜる。
3. フライパンにサラダ油を熱し、ゴーヤを加えて炒める。9割火が通ったらピーマンと黄パプリカを入れてサッと炒める。2を加えて野菜にからめる。

c ― ゴーヤのスムージー

まろやかな甘みで、ゴーヤの苦みや独特の風味が
苦手な人にもおすすめです。

材料 2人分
ゴーヤ … 50g
バナナ … 1本
A {
甘酒 … 1/4カップ
水 … 1カップ
レモン汁 … 大さじ1
はちみつ … 大さじ1
氷 … 1/2カップ
}
ゴーヤ（トッピング用）… 適量

作り方
1 ゴーヤは縦半分に切って、種を取り、ひと口大に切る。
2 ゴーヤ、バナナ、**A**の材料をミキサーに入れて攪拌する。
3 グラスに注ぎ、5mm幅に輪切りにしたゴーヤに切り込みを入れて飾る。

b ― ビーツと豆乳のスムージー

ビーツの栄養がたっぷりの毎朝飲みたいスムージー。
甘酒と豆乳を合わせて飲みやすくしました。

材料 2人分
ビーツ（正味）… 60g
A {
甘酒 … 60g
豆乳 … 1カップ
はちみつ … 大さじ1/2
レモン汁 … 大さじ1
氷 … 1/2カップ
}

作り方
1 加熱したビーツは、ひと口大に切る（加熱の方法はP42参照）。
2 ビーツ、**A**の材料をミキサーに入れて攪拌する。

a ― ミルクゼリー

砂糖が少なめのヘルシーなゼリー。
お子さんのおやつにも喜ばれます。

材料 約3人分
牛乳 … 1カップ
甘酒 … 1/4カップ＋大さじ2
コンデンスミルク … 大さじ1
砂糖 … 大さじ1
粉ゼラチン … 7g
水 … 大さじ4
ミント … 3枚

作り方
1 小さめのボールに水を入れて粉ゼラチンを振り入れ、10分おいて溶かす。
2 鍋に牛乳、甘酒、コンデンスミルク、砂糖を入れて、60℃に温める。砂糖が溶けたら**1**を入れ、完全に溶かす。
3 ボールに水を張って鍋を入れ、25℃くらいまで冷ます。さらにボールに氷を加えて冷やす。とろみがでてきたら、器に流し入れ、冷蔵庫で冷やし固める。ミントの葉を飾る。

豆類

小さな一粒の中に滋養がたっぷり

古来から日本人に食べられてきた豆類。高タンパクで低脂肪、ビタミンやミネラル、食物繊維など、多くの栄養が含まれており、生活習慣病の予防や美容に気をつかう人に特におすすめです。市販の水煮も便利ですが、豆をコトコト煮る時間はスローフードの醍醐味と言えるでしょう。

✼ 主な豆の種類

マメ科の植物の中で食用のものは約70種。それぞれに栄養価、風味や食感が異なります。水煮が市販されている豆も多いので気軽に使ってみましょう。

白いんげん豆
大きくやわらかで使い勝手が抜群

「大福豆（おおふくまめ）」、「手亡（てぼう）」などの種類があり、白あんの材料です。あっさりした味わいが特徴で、白色を生かしたサラダなどがおすすめ。皮がやわらかいのでどんな料理にも使いやすいです。

金時豆
ほくほくした食感と優しい甘みは煮豆の定番

いんげん豆の代表的な種類。甘納豆の原料としても有名です。粒の形が整っていて美しく、煮崩れしにくいので、煮豆に最適な豆。その他にも煮込み料理やサラダにも重宝します。

大豆
日本人の食生活を支える重要なタンパク源

タンパク質などの栄養が豊富で、「畑の肉」と呼ばれているほど。種類は熟した豆の色によって異なり、私たちが普段よく食べているのは黄大豆です。醤油や味噌、豆腐、豆乳などの原料にも使われます。

ひよこ豆
クセが少なく噛むほどに味わい深い

その名の通り、くちばしのような突起がヒヨコの姿に見えます。「ガルバンゾー」とも呼ばれ、インドで人気の高い豆。ほくほくした噛みごたえのある食感で、サラダ、カレー、スープなどとの相性が良いです。

黒豆
煮汁まで楽しめるポリフェノールの宝庫

大豆の品種のひとつ。しっかりした食感、濃厚な甘みとコクが特徴です。ポリフェノールの一種であるアントシアニンが表皮に含まれているので、煮汁は捨てずにスープなどに使うのがおすすめ。

小豆
料理にもお菓子にも相性の良い甘み

日本では縄文時代から生活に取り入れられてきた豆。ポリフェノールの含有量はワインの約1.5倍とも言われています。豆の滋養をすべてとりたい場合は、茹でこぼさずに煮ます。

茹で方
1. 黒豆は水で洗い、豆より5cm高く水を入れ、一晩漬けておく。
2. 鍋に黒豆を入れ、強火にかける。沸騰したら弱火にし、3〜4分煮る。ザルにあげて湯を切る。
3. 鍋に黒豆を戻し、たっぷりの水を加えて強火にかける。沸騰したら弱火にし、少しずらしてフタをし、黒豆がやわらかくなるまで煮る。

茹で方
1. 小豆は水で洗い、一晩水に漬けておく。
2. 鍋に小豆を入れ、豆より水を4cm高く入れ、強火にかける。沸騰したら弱火にし、3〜4分煮る。ザルにあげて湯を切る。
3. 鍋に小豆を戻し、たっぷりの水を加えて強火にかける。沸騰したら弱火にし、少しずらしてフタをし、小豆がやわらかくなるまで煮る。

白いんげん豆のカップゼリー

食材を彩り良くゼリーに詰め込みました。
さっぱりしたコクのあるビーツソースで。

小豆のカレー

小豆の自然な甘みと、
3種のスパイスの風味を楽しんで。

白いんげん豆のカップゼリー

材料 プリン型3個分

小エビ —— 3尾
白いんげん豆 (市販の水煮でOK)
　—— 1/4強カップ
ブロッコリー —— 35g
トマト —— 1/4個

A
水 —— 3/4カップ
ブイヨン —— 1/4個
ローリエ —— 1/2枚
パセリ (茎) —— 1本
玉ねぎ —— 10g
オリーブオイル —— 小さじ1/2

粉ゼラチン —— 5g
水 —— 大さじ1・1/2

ビーツソース
ビーツ —— 50g
水 —— 大さじ1
オリーブオイル —— 大さじ1/2
塩 —— 小さじ1/4
レモン汁 —— 大さじ1/2
ヨーグルト —— 大さじ1・1/2

お好みの香草 —— 適量

作り方

1 ボールに水を入れ、粉ゼラチンを入れて10分おく。

2 **ビーツソース**を作る。加熱したビーツはひと口大に切る (加熱の方法はP42参照)。フードプロセッサーにビーツソースの材料を入れ、攪拌する。

3 小エビは背ワタと殻を取り除いて茹でる。ブロッコリーは小房に分けて湯でやわらかく茹でる。トマトは湯せんして皮をむき、1cmの角切りにする。

4 オリーブオイル以外の**A**の材料を鍋に合わせて火にかける。沸騰したら弱火で5分煮る。ザルで漉したらオリーブオイルを入れ、60℃まで冷ます。**1**のゼリーを入れて溶かし、25℃くらいまで冷ます。

5 プリン型の底にエビをおき、ブロッコリー、白いんげん豆、トマト、白いんげん豆の順に重ね、**4**を流し入れる。冷蔵庫で冷やし固める。

6 器に型から外したゼリーをおき、ビーツソースを流す。香草を飾る。

豆類

小豆のカレー

材料 4人分

小豆 —— 3/4カップ
牛豚合いびき肉 —— 150g
玉ねぎ —— 1/2個
にんにく —— 1片
にんじん (中) —— 1/2本
トマト (小) —— 1個
生姜 —— 1片
サラダ油 —— 大さじ4
クミン (ホール) —— 小さじ1/2
カレー粉 —— 大さじ1
コリアンダー (粉末) —— 小さじ2
ブイヨン —— 1個
水 —— 2カップ
ガラムマサラ —— 小さじ2
塩 —— 小さじ1・1/4
麦飯 —— 4人分

作り方

1 小豆は洗って一晩水に漬けて茹でる (茹で方はP71参照)。玉ねぎはみじん切りにし、電子レンジで4分加熱する。にんにくはみじん切り、にんじんは5mmの角切り、トマトは粗く切る。生姜はすりおろす。

2 鍋にサラダ油を弱火で熱し、クミンを入れて泡がでたら玉ねぎを加え、透きとおるまで炒める。にんにくを加えて炒めたら、牛豚合いびき肉、にんじん、トマト、生姜を加えて炒める。

3 小豆、カレー粉、コリアンダー、水、ブイヨンを入れ、弱火でフタをして25〜30分煮る。ガラムマサラ、塩を加え、2分煮たらできあがり。器に麦飯とカレーを盛る。

豚肉と納豆の甘味噌レタス包み

納豆の風味と食感が楽しい肉味噌は、シャキシャキのレタスと一緒に。
お酒の肴や、パーティー料理に大活躍するメニューです。

材料 3人分

- 豚ひき肉 …… 80g
- 納豆（中粒）…… 1パック
- 長ねぎ …… 20g
- にんにく …… 1/2片
- にら …… 10g
- サラダ油 …… 大さじ1/2
- 豆板醤 …… 小さじ1
- 甜面醤 …… 大さじ3/4
- 豆鼓（みじん）…… 小さじ1/2
- 醤油 …… 小さじ1/2
- 酒 …… 大さじ1/2
- ごま油 …… 小さじ1/2
- レタス …… 1/2玉
- パクチー …… 3株

作り方

1. 納豆はボールに入れてよく混ぜる。長ねぎとにんにくはみじん切りに、にらは5mm長さに切る。レタスは葉が大きい場合は包みやすい大きさに切る。豆鼓は水で洗って水分を拭き取り、みじん切りにする。
2. フライパンにサラダ油を熱し、豚ひき肉、にんにくを順に入れて炒める。豆板醤、甜面醤、豆鼓、醤油、酒、ごま油を順に入れて炒める。
3. ひき肉の粗熱が取れたら、納豆、長ねぎ、にらを合わせて混ぜる。
4. 器にレタス、パクチー、3を盛る。レタスに包んで食べる。

黒豆を茹でたスープで煮込んで、黒豆の栄養をしっかり閉じ込めました。

黒豆のシチュー

材料 3人分

- 黒豆（乾燥）… 80g
- ベーコン … 50g
- 玉ねぎ（大）… 1/4個
- にんじん（中）… 1/2本
- じゃがいも（小）… 1個
- セロリ … 1本
- にんにく … 1片
- オリーブオイル … 大さじ2
- 黒豆の茹で汁 … 2・1/2カップ
  （足りない場合は水を足して調整）
- トマト缶（水煮）… 100g
- ブイヨン … 1個
- パプリカ（粉末）… 小さじ1
- 塩 … 適量
- 胡椒 … 適量

作り方

1. 黒豆を茹でる（茹で方はP71を参照）。茹で汁は捨てずに取っておく。
2. ベーコンは3cm長さに切り、玉ねぎは薄切り、にんじんは1cm幅の輪切り、じゃがいもは厚さ1.5cmほどのひと口大に切る。セロリは斜め薄切り、にんにくはみじん切りにする。
3. 鍋にオリーブオイル、にんにくを入れて弱火にかける。香りが立ったらベーコン、玉ねぎを加えてよく炒める。にんじん、じゃがいも、セロリを加えて炒めたら、黒豆、黒豆の茹で汁、トマト、ブイヨン、パプリカを入れて弱火で煮る。野菜に火が通ったら、塩、胡椒を振る。

ラムと大豆のアンチョビ炒め

材料 2人分

- ラム肉（焼肉用）… 120g
- 大豆（市販の水煮でOK）… 80g
- 長ねぎ … 30g
- ピーマン … 1個
- しめじ … 80g
- にんにく … 1片
- アンチョビ … 2匹
- オリーブオイル
  … 大さじ1・1/2～大さじ2
- 醤油 … 大さじ1
- 塩 … 少々
- 胡椒 … 適量
- パクチー … 1株

作り方

1. 長ねぎは厚さ5mm、長さ5cmの斜め切りにする。ピーマンは幅1cmに縦に切っていく。しめじは1本ずつほぐす。にんにくは薄切りに、アンチョビはみじんに切る。パクチーは4cm長さに切る。
2. フライパンにオリーブオイル、にんにくを入れて弱火にかける。にんにくがほんのりきつね色になったら、アンチョビを加えて炒める。大豆、しめじを順に入れて中火で炒め、長ねぎとピーマンを加える。ピーマンにサッと火が通ったら、ラム肉を加えて火を通す。醤油、塩、胡椒で調味する。
3. 器に盛り、パクチーを飾る。

アンチョビとにんにくの風味が食欲をそそる一品。ラムの独特の風味が苦手な人にもおすすめです。

黒豆の酢鶏

中華料理の「酢豚」を、鶏肉を使ってさっぱりアレンジ。
甘酢と黒豆の相性が良く、お箸がどんどん進みます。
黒豆の食感も楽しんで。

材料 2人分

鶏もも肉 ―― 200g	小麦粉 ―― 大さじ3
黒豆（乾燥） ―― 80g	揚げ衣 片栗粉 ―― 大さじ3
玉ねぎ（中） ―― 1/2個	卵 ―― 1/2個
にんじん（小） ―― 1/2本	水 ―― 大さじ1
黄パプリカ ―― 1/4個	片栗粉 ―― 小さじ2
ピーマン ―― 1個	水 ―― 小さじ2
長ねぎ ―― 15g	サラダ油 ―― 大さじ2
生姜 ―― 7g	揚げ油 ―― 適量
A 醤油 ―― 小さじ1	ごま油 ―― 小さじ2
酒 ―― 小さじ1	

B
水 ―― 大さじ2・1/3
醤油 ―― 大さじ2・1/3
黒酢 ―― 大さじ4・1/2
ケチャップ ―― 大さじ4・1/2
砂糖 ―― 大さじ4・1/2〜5
酒 ―― 大さじ2・1/3

作り方

1 鶏もも肉はひと口大に切り、**A**の材料を合わせたたれに15分漬けて下味を付ける。

2 黒豆は茹でておく（茹で方はP71参照）。玉ねぎはくし形に切り、にんじん、黄パプリカ、ピーマンは乱切りにする。長ねぎ、生姜は1cm幅の薄切りにする。

3 **B**の材料を合わせて混ぜる。

4 **揚げ衣**の材料を合わせる。鶏肉の水気を切って衣にまぶす。鍋に揚げ油を入れて熱し、鶏肉を中火で揚げる。

5 同じ鍋を使い、サラダ油を熱し、長ねぎ、生姜を炒める。黒豆を加えて炒め、パプリカ、にんじんを入れてひと炒めする。鶏肉、**3**の調味料を加え、同量の水で溶いた片栗粉小さじ2・1/2を入れてとろみをつける。ピーマン、玉ねぎ、ごま油を加えて混ぜる。

豆類

サバ缶の大豆コロッケ

大豆とサバ缶で作ったカレー風味のコロッケ。
噛むごとに、大豆のコクと旨みが広がります。

おから大豆入りさっぱりメンチカツ

たっぷり大豆が入っているので、
コクもボリュームも満点です。

サバ缶の大豆コロッケ

材料 12個分

サバ水煮缶 ── 1/2缶

大豆（市販の水煮でOK）── 150g

セロリ ── 30g

玉ねぎ ── 1/4個

A
　パン粉 ── 1/4カップ
　カレー粉 ── 小さじ1
　パクチーの根茎（みじん）── 大さじ1
　生姜（すりおろし）── 小さじ1
　塩 ── 小さじ1/4

小麦粉 ── 1/4カップ

卵 ── 1個

パン粉 ── 1/2カップ

サラダ油 ── 大さじ1

揚げ油 ── 適量

塩 ── 適量

胡椒 ── 適量

作り方

1 サバは水分をよく切っておく。大豆はブレンダーですりつぶす。セロリと玉ねぎはみじん切りにする。

2 鍋にサラダ油を熱し、セロリ、玉ねぎを入れてよく炒める。塩、胡椒を入れ、粗熱を取る。

3 ボールにサバ、大豆、炒めた野菜、**A**の材料を入れてよく混ぜる。ひと口大の丸型に成形する。

4 **3**に小麦粉をまぶし、溶き卵、パン粉の順に衣をつける。高温で揚げる。

豆類

おから大豆入りさっぱりメンチカツ

材料 2個分

牛豚合いびき肉 ── 140g

大豆（市販の水煮でOK）── 40g

玉ねぎ ── 1/4個

キャベツ ── 20g

ドライおから ── 7g

溶き卵 ── 大さじ2

牛乳 ── 大さじ2

塩 ── 小さじ1/3

胡椒 ── 適量

ナツメグ ── 少々

卵液
　小麦粉 ── 大さじ2
　卵 ── 1/2個
　水 ── 大さじ1

小麦粉 ── 1/4カップ

パン粉 ── 1カップ

揚げ油 ── 適量

作り方

1 玉ねぎとキャベツはみじん切りにする。

2 大きめのボールに牛豚合いびき肉、溶き卵、牛乳を入れてよく混ぜる。大豆、玉ねぎ、キャベツ、ドライおからを入れてよく混ぜる。塩、胡椒、ナツメグを振って混ぜたら、2個の小判型に成形する。

3 **卵液**を作る。ボールに卵、水を入れてよく溶き、小麦粉を加える。

4 成形した肉に、小麦粉、卵液、パン粉を順につける。フライパンに揚げ油を2cm入れて熱し、中温で肉を揚げる。途中、油を表面に回しかけ、裏返す。弱火にして両面がきつね色になるまで、10分くらいかけて揚げる。

大豆クリームスープ

材料 4人分

大豆（市販の水煮でOK）…… 140g
玉ねぎ …… 1/4個
じゃがいも（大）…… 1/2個
ベーコン …… 40g
バター …… 大さじ1
水 …… 3カップ
白ワイン …… 大さじ2
ブイヨン …… 1個
ローリエ …… 1枚
パセリの茎 …… 1本
牛乳 …… 3/4カップ
生クリーム …… 1/4カップ
塩 …… 少々
胡椒 …… 少々

作り方

1 大豆は飾り用に12粒取っておく。玉ねぎ、じゃがいもは1.5cm角に切る。ベーコンは1cm幅に切る。

2 鍋を熱してバターを入れ、玉ねぎ、じゃがいも、ベーコンを炒める。大豆、水、白ワイン、ブイヨン、ローリエ、パセリの茎を加え、弱火で煮込む。野菜がやわらかくなったら火を止め、粗熱を取る。

3 ローリエ、パセリの茎を取り除き、**2**をミキサーに入れて撹拌する。ザルで漉してなめらかにする。

4 鍋に移し、牛乳、生クリームを加えて弱火にかける。塩、胡椒で調味し、沸騰する直前で火を止める。煮立たせないように注意。

5 器にスープを注ぎ、大豆を飾る。

黒豆のポタージュ

材料 4人分

黒豆（乾燥）…… 100g
玉ねぎ …… 1/4個
にんじん …… 1/4本
セロリ …… 30g
サラダ油 …… 大さじ2
酒 …… 大さじ1
小麦粉 …… 大さじ1
黒豆の茹で汁 …… 2・1/2カップ
（足りない場合は水を足して調整）
ブイヨン …… 1個
水煮トマト缶（カット）…… 150g
オリーブオイル …… 大さじ1
塩 …… 小さじ1/6
胡椒 …… 少々
A ┤ ケチャップ …… 大さじ1
　　 オリーブオイル …… 大さじ1
　　 水 …… 大さじ1/2
パセリ …… 適量

作り方

1 黒豆を茹でる（茹で方はP71を参照）。茹で汁は捨てずに取っておく。玉ねぎ、にんじん、セロリはみじん切りにする。

2 鍋を熱してサラダ油を入れ、玉ねぎをよく炒める。にんじん、セロリ、黒豆を加えて炒める。酒を加え、小麦粉を振ってよく混ぜる。火を止め、黒豆の茹で汁、ブイヨンを加えてよく混ぜる。弱火にし、野菜がやわらかくなるまで煮たら火を止め、粗熱を取る。

3 **2**をミキサーにかけて撹拌する。鍋に戻し、水煮のカットトマトを加えて3分煮る。オリーブオイル、塩、胡椒を加えて調味する。

4 ボールに**A**の材料を合わせてよく混ぜる。

5 器にスープを注ぎ、パセリのみじん切りを飾り、**4**のソース、オリーブオイル（分量外）を垂らす。

大豆クリームスープ
市販の茹で大豆も、ミキサーを使えば簡単に本格的なポタージュに。

黒豆のポタージュ
玉ねぎなどの野菜の甘みと、トマトの酸味が、濃厚な黒豆によく合います。

黒豆入り雑穀炊き込みご飯

ふっくらした黒豆の食感が楽しい炊き込みご飯。
具材は炊き上がったご飯に混ぜることで、しっかりした味わいに。

材料 4人分

- 米 …… 2合
- 雑穀 …… 大さじ2
- 煎り黒豆（市販でOK）…… 大さじ2
- 豚肉（薄切り）…… 100g
- にんじん …… 40g
- ひじき（細いタイプ）…… 1g
- サラダ油 …… 大さじ1
- A
  - 醤油 …… 大さじ1
  - みりん …… 大さじ1
  - 酒 …… 大さじ1
  - オイスターソース …… 小さじ1
  - だし汁 …… 1/2カップ
- 炒りごま …… 小さじ2

作り方

1. 米と雑穀はとぎ、炊飯器の玄米モードに合わせて水を入れ、1時間以上漬ける。黒豆をのせて炊く。
2. 豚肉はひと口大に切り、にんじんは太いマッチ棒くらいの大きさに切る。ひじきは水に15分漬けて戻し、ザルに移して水分を切る。
3. フライパンにサラダ油を熱し、豚肉、にんじん、ひじきの順に加えて炒める。Aの材料を加えて弱火で汁がなくなるまで煮詰める。
4. 大きめのボールに炊き上がったご飯を移し、3を加えて混ぜる。器に盛り、ごまを振る。

小豆、黒ごま、きな粉の薬膳ぜんざい

黒ごまときな粉を入れた滋養ある薬膳スイーツ。
自分好みの小豆の硬さ、甘さを見つけてみて。

材料 2人分
小豆（乾燥）… 1/2カップ　砂糖 … 大さじ4
水 … 5カップ　　　　　　塩 … 1つまみ
黒すりごま … 1/4カップ
きな粉 … 1/2カップ
小豆の茹で汁 … 1カップ

作り方
1. 小豆は洗って、鍋に入れ、水に漬けて一晩おく。そのまま中火にかけ、沸騰したら弱火で形が崩れるまで茹でる。ザルに移す。小豆の茹で汁は取っておく。
2. 鍋に小豆、黒すりごま、きな粉、小豆の茹で汁、砂糖、塩を入れて、弱火でふつふつと煮る。小豆が硬いようなら茹で汁をさらに足すと良い。

豆乳入り黒ごま汁粉

ごまと材料を鍋で合わせるだけの簡単レシピ。冷やして食べてもおいしいです。

材料 3人分
豆乳 … 1・1/2カップ　　砂糖 … 大さじ4
上新粉 … 大さじ2・1/2　塩 … 1つまみ
水 … 1・1/2カップ　　　クコの実 … 9個
黒すりごま … 40g
コンデンスミルク … 大さじ2

作り方
1. 上新粉は水で溶いておく。クコの実はカップ約1/4（分量外）に15分漬け、ザルにあげて水分を拭く。
2. 鍋に豆乳、上新粉、黒すりごま、コンデンスミルク、砂糖、塩を入れ、ヘラでかき混ぜながら弱火で煮る。とろみがついたらできあがり。
3. 器に盛り、クコの実を飾る。

雑穀

噛むほどに味わい深い 栄養満点の穀物

米と小麦以外の穀物を雑穀と呼びます。縄文時代から日本人の食生活を支え続け、白米が主食となったのは昭和も後期になってから。多くの雑穀は白米に比べて低カロリーで、ビタミンやミネラル、食物繊維が豊富で、現代人にこそ食べてほしい食材です。一粒ごとに味わい深く、料理に使うと風味が格段にアップします。

❊主な雑穀の種類

多くの種類が市販されているので、栄養価や風味、食感の違いを楽しみましょう。白米に混ぜて炊くだけでなく、サラダに入れたり、肉の代用にしたり、さまざまな使い方ができます。

大麦

食物繊維が豊富で
食べごたえ満点

世界最古の穀物で中央アジア原産。食物繊維は白米の約20倍も含まれています。蒸した丸麦をローラーでつぶしたものは「押し麦」。白米に混ぜて炊くほか、サラダにすると食べごたえたっぷりでダイエット中に最適です。

キヌア

スーパーフードとして
注目される高い栄養素

ボリビア、ペルーの原産。NASAが理想の穀物だと発表して以来、注目されるように。他の雑穀に比べてもタンパク質が豊富で、カルシウム、ミネラル、食物繊維がたくさん含まれています。プチプチした食感がクセになります。

たかきび

ひき肉の代わりとして
料理に大活躍

アフリカ原産。「もろこし」とも呼ばれ、中国では「コーリャン」と呼ばれます。ポリフェノール、カリウム、ビタミンB群、食物繊維などが豊富。赤みを帯びた色と、弾力のある噛みごたえで、ひき肉の代用としても使われます。

黒米

もちもちした食感と
美しい色合い

稲の原種である古代米の種類。色が黒いのは皮の部分にアントシアニンが含まれているから。白米に混ぜて炊くと、ほんのり紫色に炊き上がります。食物繊維、カルシウム、マグネシウムが多く含まれます。

もちあわ

鉄分は白米の約6倍
クセのない優しい味

中央～西アジアの原産。「あわ」の由来は風味が淡いことによるという説があるように、優しい甘みとクセのない味わいが特徴。もちもちした食感が楽しく、雑穀初心者にもおすすめです。鉄分とミネラルが豊富。

オートミール

クッキーはアメリカの
お菓子の定番

オーツ麦を食べやすく加工した食材。外皮を残したまま加工されているため、植物性タンパク質が精米の約2倍、食物繊維は約20倍とも言われます。オートミールを使ったクッキーは、低カロリーでダイエット中にもおすすめ。

大麦入り焼売

大麦をたっぷり入れて、もちもちとした食感に。
簡単に包めるので手軽に作れます。

材料 20個分

大麦 —— 1/4カップ
豚ひき肉 —— 200g
長ねぎ —— 30g
玉ねぎ（大）—— 1/2個
にら —— 15g
焼売の皮 —— 20枚
醤油（タネ用）—— 小さじ1
砂糖 —— 大さじ1・1/3
酒 —— 大さじ1
溶き卵 —— 大さじ2
胡椒 —— 適量
塩 —— 小さじ1
片栗粉（タネ用）—— 大さじ2・1/3
ごま油 —— 小さじ1
チンゲン菜 —— 2株

A
| 水 —— 3カップ
| 酒 —— 小さじ2
| 中華ガラスープの素 —— 小さじ1
| 砂糖 —— 小さじ1/2
| 塩 —— 小さじ1/2
| サラダ油 —— 小さじ2

溶きがらし —— 適量
醤油（タレ用）—— 適量

作り方

1 大麦はといで1時間水に漬ける。湯で15分茹でて、ザルに移して冷ます。トッピング用に大さじ1を取り、片栗粉大さじ1（分量外）をまぶしておく。片栗粉をまぶすことで、トッピングしてもはがれない。

2 長ねぎ、玉ねぎ、にらはみじん切りにする。玉ねぎは水分が出るのを防ぐために片栗粉大さじ1（分量外）をまぶす。

3 大きめのボールに豚ひき肉、大麦、長ねぎ、玉ねぎ、にらを入れ、醤油、砂糖、酒、溶き卵、胡椒、塩を加えてよく練る。片栗粉を入れてさらに練る。ごま油を入れて練る。

4 蒸し器の底にクッキングシートを敷く。まな板の上に焼売の皮を並べ、それぞれに**3**を大さじ山もり1杯のせる。大麦をトッピングし、皮の4隅をつまんで持ち上げ、軽く形を整える。クッキングシートにのせる。強火で12分蒸す。

5 付け合わせを作る。チンゲン菜は内側の葉の部分を使う。**A**の材料を合わせて火にかけ、チンゲン菜をサッと茹で、ザルにあげて水分を切る。茹で過ぎに注意。

6 器に蒸し上がった焼売、チンゲン菜を盛り付ける。溶きがらし、醤油を添える。

雑穀

かぶと雑穀のハムサラダ

大麦とキヌアの2種の異なる食感が楽しいサラダ。雑穀の自然な旨みが味わえます。

材料 3人分

- ハム … 60g
- かぶの実（中）… 3個
- かぶの茎 … 実3個分
- 塩 … 小さじ1/2
- りんご（小）… 1/2個
- 大麦 … 1/4カップ
- キヌア … 大さじ1

ドレッシング
- サラダ油 … 大さじ5
- 酢 … 大さじ2
- 塩 … 小さじ1/2強
- 胡椒 … 適量

作り方

1. かぶの実は皮をむき、2等分に切って薄切りにする。茎は2cm長さに切り、沸騰した湯にサッと通してザルにあげ、水に漬けて冷ます。ボールに実と茎を入れ、塩をまぶして30分おく。水気を絞る。
2. ハムは短冊切りにする。りんごは皮付きのままいちょう切りにし、塩水（分量外）に漬ける。ザルにあげ、水分を切る。
3. 大麦、キヌアは水に30分漬ける。沸騰した湯で15分茹でて、ザルに移して水で洗う。
4. ボールに**ドレッシング**の材料を合わせ、ハム、かぶの実と茎、りんご、大麦、キヌアを入れて和える。

大麦、ひよこ豆、ルッコラのサラダ

雑穀にビタミン豊富なルッコラを合わせ、美容に効果的な栄養がたっぷり。

材料 4人分

- 大麦 … 1合
- 水 … 1・1/4カップ
- ひよこ豆（市販の水煮でOK）… 100g
- トマト（中）… 1個
- ルッコラ … 適量

ドレッシング
- オリーブオイル … 大さじ4
- 白ワインビネガー … 大さじ2
- 塩 … 小さじ1弱
- 胡椒 … 適量

作り方

1. 大麦はといで、水に漬けて30分おく。炊飯器に大麦と水を入れて炊き上げ、冷ます。ひよこ豆は水気を切っておく。トマトは1cmの角切りにする。
2. **ドレッシング**の材料を合わせてよく混ぜる。大麦、ひよこ豆、トマトを入れて和える。器に盛り、ルッコラをのせる。

ほうれん草の雑穀中華粥

押し麦と緑豆の風味がおいしいお粥。味付けはハムの旨みと酒、塩のみなので、調味料を足して自分好みに楽しんで。

材料 4人分

- 米 —— 3/4カップ
- 押し麦 —— 1/4カップ
- 緑豆（乾燥）—— 大さじ2
- ほうれん草 —— 2/3把
- ハム —— 2枚
- 水 —— 6カップ
- 酒 —— 大さじ1
- 塩 —— 適量
- わんたんの皮 —— 適量
- 長ねぎ（みじん）—— 適量
- 醤油 —— 適量
- ごま油 —— 適量
- ラー油 —— 適量

作り方

1. 緑豆は洗い、小鍋に入れて水を加え火にかける。沸騰したら2分茹で、ザルにあげる。ほうれん草はサッと茹でて4cm長さに切る。ハムは短冊切りにする。
2. 米、押し麦はといで、鍋に入れ、水、酒、塩を加えて火にかける。沸騰したら踊るくらいの弱火にし、20分経ったら緑豆を加え、1時間煮る。途中で水分が足りなくなったら適宜水を加える。火を止めて30分おく。適宜水を足し、再び火をつけて好みの硬さになるまで炊く。ほうれん草、ハムを加えて混ぜる。
3. 素揚げしたわんたんの皮、長ねぎをトッピングし、醤油、ごま油、ラー油の調味料をかけて食べる。

雑穀麻婆豆腐

肉を一切使わずに、大豆ミートとたかきびを使った麻婆豆腐。ヘルシーなのに食べごたえは満点です。

材料 4人分

絹豆腐 ── 1・1/2丁
大豆ミート（ミンチタイプ）── 大さじ3
たかきび ── 大さじ3
にんにく ── 1片
にら ── 1/3束
長ねぎ ── 15g
唐辛子 ── 1本
サラダ油 ── 大さじ3
豆板醤 ── 大さじ1
甜面醤 ── 小さじ2
豆鼓（みじん）── 小さじ2
醤油 ── 大さじ1
A 　水 ── 3/4カップ
　 中華ガラスープの素 ── 小さじ1
　 紹興酒 ── 大さじ1
片栗粉 ── 大さじ1
水 ── 大さじ1
ごま油 ── 小さじ2
粉山椒 ── 適量

作り方

1 絹豆腐は2cm角に切る。大豆ミートは熱湯に15分漬ける。たかきびはといでから15分茹でる。にんにくと長ねぎはみじん切り、にらは3cm長さに切り、唐辛子は輪切りにして種を取る。豆鼓は水で洗って水分を拭き取り、みじん切りにする。

2 鍋にサラダ油を熱し、にんにくを炒めてから、唐辛子、大豆ミート、たかきびを入れて強火で炒める。豆板醤、甜面醤、豆鼓の順に加えて炒める。

3 醤油を入れ、豆腐、Aの材料を加えて、中火で3〜4分煮る。同量の水で溶いた片栗粉でとろみをつけ、ごま油を振る。にら、長ねぎを入れて混ぜる。

4 器に盛り、粉山椒を振る。

キヌアとかぼちゃのサバ缶餃子

肉の代わりに使ったのはサバ缶とキヌア。
ほくほくのかぼちゃの甘みがおいしい新感覚の餃子です。

材料 4人分

- サバ水煮缶 …… 1缶
- キヌア …… 1/4カップ
- もちあわ …… 大さじ2
- 水（雑穀用）…… 4カップ
- かぼちゃ（正味）…… 50g
- にら …… 30g
- 餃子の皮 …… 20枚
- A
  - 塩 …… 1つまみ
  - 胡椒 …… 適量
  - サラダ油 …… 大さじ1
  - ごま油 …… 小さじ1
- サラダ油 …… 大さじ2
- 水（蒸し焼き用）…… 大さじ3
- 醤油 …… 適量
- 酢 …… 適量
- ラー油 …… 適量

作り方

1. キヌアともちあわはとぎ、鍋に入れて水を加えて火にかける。沸騰したら5分茹で、10分蒸らしてからザルにあげる。
2. サバはしっかり水分を切っておく。かぼちゃはひと口大に切り、容器に並べて電子レンジで3分加熱し、粗くつぶす。にらは5mm長さに切る。
3. 大きめのボールに、キヌア、もちあわ、かぼちゃ、にら、サバを入れてよく混ぜる。Aの材料を入れて混ぜる。餃子の皮で包む。
4. フライパンにサラダ油を熱し、餃子を並べて弱火にかける。途中で水を入れ、フタをして弱火で蒸し焼きにする。焼けたら強火にし、皮がカリカリになるまで水分を飛ばす。
5. 器に盛り、醤油、酢、ラー油を添える。

大麦、黒米、小豆のご飯

私が一番好きな雑穀ご飯。
もち米を入れることで、しっとりと炊き上がります。

材料 4人分
- 大麦 …… 1・1/2合
- 米 …… 1/2合
- もち米 …… 1/4合
- 小豆 …… 1/4合
- 黒米 …… 大さじ1
- 水 …… 2カップ
- 小豆の茹で汁 …… 適量
  （足りない場合は水を足して調整）
- 炒り黒ごま …… 大さじ2

作り方
1. 小豆は水で硬めに茹でておく。茹で汁は捨てずに取っておく。
2. 大麦、米、もち米、小豆、黒米を合わせてとぐ。炊飯器に入れ、「白米」の3合の目盛りよりも少なめに小豆の茹で汁を入れ、一晩おく。夏場は冷蔵庫に入れると良い。
3. 炊飯にかける。炊き上がったら器に盛り、黒ごまを振る。

材料 直径3cmで約21個分

薄力粉 —— 140g
ベーキングパウダー
　—— 小さじ1/2
無塩バター —— 40g
サラダ油 —— 大さじ4
塩 —— 1つまみ
きび糖 —— 70g
卵 —— 1/2個
バニラエッセンス —— 3滴
オートミール —— 40g
ココナッツロング —— 40g
干ぶどう —— 60g

作り方

1 薄力粉、ベーキングパウダーはふるう。干ぶどうはザルに入れて熱湯をかけ、キッチンペーパーで水分を拭き取る。

2 大きめのボールに無塩バターを入れてやわらかくし、サラダ油、塩を入れて混ぜる。きび糖を加えて、白くなるまで混ぜたら、溶き卵を入れて混ぜる。バニラエッセンスを加える。

3 2にふるった薄力粉、ベーキングパウダーを加えて混ぜる。オートミール、ココナッツロング、干ぶどうを順に加えて混ぜる。

4 オーブンの天板にクッキングシートを敷く。3の生地をスプーンで親指大すくい、天板に並べる。160℃のオーブンで20〜30分焼く。周りに色目が付いたものからできあがり。

オートミールクッキー

ザクザクした食べごたえがおいしいクッキー。
型で抜く必要もないので、簡単に作れます。

おわりに

戦後、まだテレビが家庭に普及していない時代、幼い私は銀座のケーキ屋さんで食べたホットケーキのおいしさに感動し、衝撃を受けました。

この世の中にこんなにおいしいものがある。いつか同じものを作ってみたい! 幼い胸にときめきが湧きました。これが、私の料理の原点です。

その後は、国内外を旅行したり、レストランなどで食事をしたりする中で、見知らぬ味との出会いに感動し、刺激を受けて、料理を作ってきました。

料理には作る楽しさや、ごちそうすれば家族や知人に喜んでいただける幸せがあります。何より嬉しいことは、私が作った料理を食べて皆が元気に、健康になることです。

難しい、ややこしい料理は趣味で作りましょう。毎日の料理は、簡単に、どこでもある食材で作れることが大切です。そして、それがごちそうになったら最高です。

麹、ヨーグルトなどの発酵食品、豆、雑穀、ビーツなどの食材は栄養がたっぷり含まれていて、生活習慣病の予防が期待できることがわかっています。ぜひ、毎日の食事に積極的にとり入れていただきたいと思います。

この本が少しでも多くの方のお役に立ち、喜んでいただけることを切に願います。

本を出版するにあたり、友人や実家、生徒さんには大変お世話になりました。また、多くの出版関係者のお力添えをいただきました。心より感謝申し上げます。

2018年4月

荏原スミ子

荏原スミ子
Sumiko Ebara

祖母から伝統的な和の料理を学ぶ。大学在学中から料理学校に通い、卒業後は中国料理、ヨーロッパ料理、日本料理、パンなど幅広く学ぶ。ヨーロッパやアジアへ現地の味を求めて旅をし、タイやベトナムでは現地の料理教室に通う。現在はその幅広い知識と料理法をもって、発酵食、豆類、雑穀、ビーツなどを使った「カラダとココロに優しい食事」をテーマに、神奈川県川崎駅前で料理教室を開講。家庭で誰もが作れるレシピを日々追求中。

http://ebarasumiko.com/

参考文献

『発酵は力なり』小泉武夫（日本放送出版協会）
『絵でわかる麹のひみつ』小泉武夫（講談社）
『豆の事典 ── その加工と利用』渡辺篤二監修（幸書房）
『雑穀 ── 11種の栽培・加工・利用』及川一也（農山漁村文化協会）
『雑穀を旅する』増田昭子（吉川弘文館）

Staff

撮影／大泉省吾
スタイリング／梶井明美
花制作（P56）／網野妙子
協力／網野妙子
撮影協力／沼田京子　浅井薫子
装丁・デザイン／木村由香利（NILSON）
校正／中野博子
編集／齋藤美帆

ヘルシーでも大満足
体が喜ぶ79の簡単レシピ

発酵食、豆、雑穀で作る 毎日のごちそう

NDC596

2018年4月18日　発　行
2018年6月 1日　第2刷

著　者　　荏原スミ子

発行者　　小川雄一
発行所　　株式会社 誠文堂新光社
　　　　　〒113-0033　東京都文京区本郷3-3-11
　　　　　（編集）電話03-5800-5779
　　　　　（販売）電話03-5800-5780
　　　　　http://www.seibundo-shinkosha.net/
印刷・製本　図書印刷 株式会社

©2018, Sumiko Ebara.　　　　　　　　　Printed in Japan

禁・無断転載
検印省略

落丁・乱丁の場合はお取り替えいたします。

本書掲載記事の無断転用を禁じます。また、本書に掲載された記事の著作権は著者に帰属します。これらを無断で使用し、展示・販売・レンタル・講習会などを行うことを禁じます。

本書のコピー、スキャン、デジタル化等の無断複製は、著作権法上での例外を除き、禁じられています。本書を代行業者等の第三者に依頼してスキャンやデジタル化することは、たとえ個人や家庭内での利用であっても著作権法上認められません。

JCOPY ＜(社)出版者著作権管理機構 委託出版物＞
本書を無断で複写複製（コピー）することは、著作権法上での例外を除き、禁じられています。本書をコピーされる場合は、その都度事前に(社)出版者著作権管理機構（電話 03-3513-6969／FAX 03-3513-6979／e-mail:info@jcopy.or.jp）の許諾を得てください。

ISBN978-4-416-91779-4